Sommer 94
Fpm

»Lieben ist keine Krankheit, sondern nicht lieben. Denn wenn Lieben vom Sehen ausgeht, so sind, die da nicht lieben, mit Blindheit geschlagen«.

Dieses Zitat Philostratos' kann man gleichsam als Motto über die Sammlung seiner fiktiven Briefe an schöne Knaben und liebreizende Mädchen stellen, in denen er mit dem Glanz der antiken Sprachfertigkeit die Vorzüge ihrer Adressaten preist; seien es nun deren ausnehmende Schönheit oder herausragende Charaktereigenschaften.

Die Kunstbriefe aus den Werkstätten kaiserzeitlicher Rhetoren sind uns in verschiedener Vollständigkeit und Anordnung überliefert. Bis heute blieb jedoch unlösbar, wie viele Sophisten des Namens Philostratos gelebt haben und welche der überlieferten Werke welchem Träger des Namens zugewiesen werden. Alkiphron war Rhetor und Sophist des 2. Jahrhunderts n. Chr., von dem die »Briefe von Verliebten und Hetären, Zuhältern, Schmarotzern und zänkischem Ehevolk« erhalten sind.

insel taschenbuch 1165

Philostratos

Erotische Briefe

Des älteren

Philostratos Erotische Briefe

nebst den Hetärenbriefen
des Alkiphron

Herausgegeben von
Paul Hansmann

Insel Verlag

insel taschenbuch 1165
Erste Auflage 1989

Hinweise zu dieser Ausgabe am Schluß des Bandes
Vertrieb durch den Suhrkamp Taschenbuch Verlag
Umschlag nach Entwürfen von Willy Fleckhaus
Satz: Fotosatz Otto Gutfreund, Darmstadt
Druck: Nomos Verlagsgesellschaft, Baden-Baden
Printed in Germany

1 2 3 4 5 6 – 94 93 92 91 90 89

Des älteren Philostratos erotische Briefe

Der einleitende Brief: An Aspasius

Nächst den Alten haben nach meinem Ermessen unter den Philosophen der von Tyana und Dion, unter den alten Feldherrn Brutus, oder wer Brutus als Geheimschreiber diente, sich am besten auf den Briefstil verstanden; unter den Kaisern aber der vergötterte Marcus Aurelius, der seine Briefe selber verfertigte und den Ausdruck in ihnen trefflich gewählt und ihnen die Festigkeit und Größe seines Charakters aufs beste aufgeprägt hat. Herodes, der Athener, schrieb unter den Rednern die besten Briefe, gefiel sich aber zu sehr im Attizismus und verfehlte oft in seiner allzugroßen Geschwätzigkeit die einem Briefe angemessene Schreibweise; denn der Briefstil erfordert einerseits eine größere Annäherung an den Attizismus als an den üblichen Umgangston, andererseits eine diesem näher als jenem stehende Sprache, und während er sich der üblichen Sprache bedient, darf er doch nicht ganz der Zierlichkeit entbehren. Ohne es zu scheinen, muß er mit rhetorischen Figuren ausgeschmückt sein, die man aber keinesfalls als künstlich empfinden darf, denn sonst klingen sie geziert, und das Gezierte in Briefen ist kindisch. Wohl abgerundete Perioden lasse ich in kürzeren Briefen gelten, damit die Kürze des Briefes, der sonst allzu nackt wäre, durch den wechselnden Wohlklang geschmückt werde. Aus Briefen aber, die einen größeren Umfang haben, muß man solch abgerundete Perioden verbannen, weil sie sonst mehr, als es dem Briefstil angemessen ist, in den Deklamationsstil gerieten, außer etwa, wenn man am Schlusse des Schreibens alles, was vorhergesagt ist, zusammenfassen oder aus dem Vorhergesag-

ten etwas folgern will. Deutlichkeit ist der beste Führer in jedweder Rede, vor allem aber in einem Briefe. Denn wenn wir uns deutlich ausdrücken, werden wir leichter überzeugen, wenn wir etwas geben oder erbitten, erlauben oder abschlägig beantworten, beschuldigen, verteidigen oder erfragen wollen. Deutlich aber und nicht niedrig wird der Ausdruck sein, wenn wir gewöhnliche Gedanken neu und neue auf eine gewöhnliche Weise ausdrücken.

Der zweite Brief: An Berenice

Wangen und Lippen, die durch Schminke gerötet sind, reizen nicht zum Kuß. Zugleich verraten sie des Gesichtes Alter, das den Mund blaß, die Wangen runzlig und verblüht macht. Unterlasse daher das Schminken und suche deiner Schönheit nicht nachzuhelfen, sonst muß ich dich für alt halten.

Der dritte Brief: An Athenodor

Das Auge pflegt sonst Liebe zu vermitteln, du aber, der du zu Korinth wohnest, bist durch bloßes Hörensagen in einen jonischen Jüngling verliebt. Denen wird das töricht erscheinen, die noch nicht wissen, daß auch die Seele Augen hat.

Der vierte Brief: An Aristobul

Lieben und sich der Liebe enthalten, ist noch höhere Tugend, als gar nicht lieben. Im Kampfe gilt nicht der für einen Helden, der gar keine Wunde davongetragen hat, sondern der, welcher trotz seiner Wunden den Sieg errang.

Der fünfte Brief: An Athenais

Einem, der uns nicht liebt, soll man sich hingeben, war Lysias Meinung, einem Verliebten hingegen meinte Plato; du gibst dich einem Nichtverliebten wie einem Verliebten. Außer der Lais etwa hat das noch kein Weiser gebilligt.

Der sechste Brief: An Diodor

Kernlose Granatäpfel bauen die Erythraeer in ihren Gärten; sie geben einen so lieblichen Trank wie Trauben, die in guter Lage wachsen. Ihrer zehn habe ich für dich abgepflückt und schicke sie dir. Wenn du speist, genieße sie als Wein, wenn du trinkst, als Speise.

Der siebente Brief: An einen schönen Knaben

So boshaft bist du, daß du dich keines anderen erbarmst, und ich bin so unglücklich, von niemandem als von dir Mitleid zu verlangen. Herzlich freue ich mich meines Mißgeschicks und wünsche, daß meinen Fehlbitten kein Ende werde, auf daß auch dein übler Ruf um deiner Grausamkeit willen nimmer verstumme; denn bei mir handelt es sich einzig und allein um das Vergnügen, bei dir jedoch um die üble Nachrede wegen der Beschuldigung, die alle wider dich erheben.

Der achte Brief: An Klesidemus

Auch die älteren Männer lauschen den Sängern der Liebe noch gern, da sie, an die Liebe sie erinnernd, sie gleichsam wieder verjüngen. Also glaube nur du nicht, daß du zu alt bist, um von Liebe etwas zu hören; denn die Beschäftigung mit diesen Sängern wird dich entweder der Liebe nicht vergessen lassen oder dich wieder an sie gemahnen.

Der neunte Brief: An Häretian

Das Dichtervolk ist groß, ja größer als die Bienenschwärme. Auf den Wiesen suchen die ihre Nahrung, jene in Häusern und in Städten. Jene speisen uns mit Honig und diese mit kostbaren Gerichten. Einige tischen uns Naschwerk auf, nämlich die Sänger der Liebe, unter die auch Celsus zu zählen ist, der sein ganzes Leben lang den lieben Grillen gleich gesungen hat. Du aber trage Sorge, daß er mehr zu speisen bekommt als die Grillen, die nur von Tau leben.

Der zehnte Brief: An einen schönen Knaben

Sei mir gegrüßt, wenn du auch gleich nicht von mir gegrüßt sein willst; sei mir gegrüßt, wenn du auch mir nicht schreibst! O du, der du nur für andere schön, gegen mich aber, ach, so spröde bist. Aus Fleisch bist du nicht, noch aus dem, was damit vermischt ist, sondern aus Diamant und Stein und Styx. Bald wird dir ein Bart sprossen und ich werde dich vor fremden Türen liegen sehn, glaube es mir. Eros und Nemesis sind wahrlich gefährliche und qualenerzeugende Gottheiten.

Der elfte Brief: An ein Mädchen

Danae küßte das Gold, Leda den Schwan, Europa den Stier, Antiope den Berggeist und Amymone einen Meergott. Dichter haben diese märchenhaften Liebesgeschichten erzählt und die Wahrheit durch reizvolle Erdichtungen verfälscht. Nimm, o nimm auch du mich an und lasse ab von dem Stolz, mit dem du mich verachtest, und dem Scheine der Ehrbarkeit, in die du dich vor mir hüllst; dann will ich dir ein Zeus und ein Poseidon sein und dir geben, was du willst, und von dir nehmen, was ich will.

Der zwölfte Brief: An eben dieselbe

Selbst Momus wußte an Aphrodite nichts zu tadeln – was hätte er auch an ihr aussetzen sollen? – als daß ihre Sandale krache und zu viel Geräusch verursache. Wäre sie mit nackten Sohlen einhergeschritten, wie sie dem Meere entstieg, so hätte der Strafgott nichts zu tadeln gehabt. Auch konnten, scheint mir, deswegen ihre geheimen Liebschaften nicht ganz unentdeckt bleiben, weil die verräterische Sandale sie dem Hephaestos verriet. Soweit die Sage. Daher tust du sehr wohl und handelst klüger als Aphrodite, daß du dich deiner Füße bedienst, wie die Natur sie geschaffen hat und so des Momus Tadel entgehst. O, ihr fessellosen Füße, wie schön seid ihr in eurer Freiheit! O dreimal glücklich und selig bin ich, wenn ihr mich tretet!

Der dreizehnte Brief: An einen schönen Knaben, der keine Sandalen an die Füße gebunden hatte

Besser ist dir es nun, daß du keine Sandalen trägst, sie drückten dich, wie ich glaube; denn neue Riemen müssen in so zartes Fleisch einschneiden. Asclepios heilt die Wunden, die man im Kampf oder auf der Jagd davonträgt, schnell, gibt aber für solche Art Verletzungen kein Mittel an, weil wir sie mehr unserem Unverstande als einem widrigen Schicksale zuzuschreiben haben. Warum gehst du denn nicht immer barfuß? Warum neidest du der Erde die Lust, von dir berührt zu werden? Sandalen und Pantoffeln und Schuhe und Halbschuhe tragen nur kranke und alte Leute. Als einen kranken und hinkenden Mann malte man darum den Philoktetes mit Schuhen, der Philosoph von Sinope hingegen und Krates von Theben und Ajax und Achilles haben keine Schuhe und Jason nur an dem einen Fuße. Man erzählt nämlich, als er den Anaurosfluß durchwatet, sei einer seiner Schuhe im Schlamme stekken geblieben, und daher band er an diesen Fuß keine Sandale mehr, und so lehrte ihn der Zufall, was er aus Überlegung hätte tun sollen. Rüstig sei er hierauf, des Schuhes beraubt, fortgegangen. Darum fürchte auch du nichts; dein Fuß wird leicht bestaubt werden wie das Gras, und den Staub wollen wir dir fortküssen!

O wie zierlich schreitet ihr einher, ihr lieben Füße! Welche neuen Blumen sprossen unter euch aus der Erde empor! Wie süß seid ihr zu küssen!

Der vierzehnte Brief: An eine Schenkwirtin

Alles an dir bezaubert mich. Dein leinenes Leibgewand ist mir der Isis Kleid, deine Schenke der Aphrodite Tempel, deine Becher der Hera Augen. Der Wein darinnen gleicht einer duftenden Blume. Hältst du den Becher so zierlich mit deinen drei aneinandergelegten Fingern, daß er in der Hand nur zu schweben scheint, so denke ich an einer erschlossenen Rose Kelch. Oft fürchte ich, er möchte dir aus der Hand fallen, aber fest steht er gleich den unbeweglichen Zeigern der Sonnenuhr und ist wie verwachsen mit den Fingern. Naschst du vollends daraus, so wird, was du mir übrig läßt, durch deinen Hauch so warm, daß ich Feuergluten zu trinken vermeine und lieblicher als Nektar. Und fließt sanft in die Kehle, wie wenn ich nicht Wein, nein, Küsse tränke.

Der fünfzehnte Brief: An dieselbe

Zwar sind gläsern deine Becher, doch in deinen Händen wandeln sie sich in Silber und Gold und haben den schmachtenden Blick deiner Augen. Unbeseelt und ausdruckslos aber ist die Durchsichtigkeit der gläsernen Becher wie die stehenden Gewässers. Doch die beiden Becherchen in deinem Antlitz entzücken uns durch ihr schmachtendes Aussehen, wie durch den Kuß, den man ihnen aufdrückt. Stelle sie fort, jene Becher, sie sind aus Glas und können leicht zerbrochen werden. Trinke mir nur mit den Augen zu, aus denen auch Zeus schlürfte und an deren Seiten er einen schönen Mundschenken stellte. Willst du, so spare den Wein, fülle den Becher nur mit Wasser, führe ihn alsdann an die Lippen, schenke Küsse ein und reiche ihn dem, der nach ihm strebt. Denn wer von der Aphrodite Reben gekostet hat, wird nimmer nach denen des Dionysos verlangen.

Der sechzehnte Brief: An dieselbe

Durchsichtiger als die Becher sind deine Augen, durch sie kann man die Tiefen deiner Seele schauen. Deiner Wangen Rot ist lieblicher als die Röte des Weins, dein weißes Leinengewand wirft auf sie den köstlichsten Widerschein. In Rosenblut sind deine Lippen getaucht. Kristallklares Naß fließt wie aus einem Quell aus deinen Augen, darum bist du der Nymphen eine. Wieviele der Dahineilenden fesselst du durch deine Blicke; wievielen, die vorübergehen wollen, hemmst du den Schritt! Wieviele rufst du zu dir, ohne des Wortes zu bedürfen! Keinen dürstet mehr denn mich, wenn ich dich schaue, und wider mein Wollen bleibe ich stehen, halte den Becher in Händen, ohne zum Mund ihn zu führen, denn ich trinke nur dich.

Der siebzehnte Brief: An einen schönen Knaben

Nicht einmal beim Menander schnitt Polemon einem schönen Jüngling die Haare ab, sondern tat es einer Sklavin an, in die er verliebt war, im Zorne. Aber es reute ihn hinterdrein gar sehr, und er wirft sich vor ihr nieder und vergießt bittere Tränen über den an ihren Haaren begangenen Mord. Im Lustspiel wagt man nicht einmal Jünglinge zu scheren. Und du, du hast selber, ich weiß nicht, was dich dazu bewog, deinem Haupte den Krieg erklärt. Warum mußtest du dein Haar mit dem Eisen anfallen? Wozu mußtest du ihm freiwillig soviele Wunden beibringen? Welch wogendes Kornfeld hast du abgesichelt? Hast du nicht bei den Dichtern gelesen, wie sie des Euphorbos und des Menelaus, ja überhaupt des ganzen Achaeerheeres lange Haare rühmen? Wollen sie ihrer Flußgötter einen herrlich schildern, so geben sie ihm fließendes Haupthaar. Wie man den Göttern Gold und Silber darbietet, werden ihnen auch lange Haare geweiht. Barbaren schmücken ihre Hüte, Griechen ihre Helme mit Haaren. Die Augen sind mit Wimpern geziert, die Schiffe mit Segeln, mit Bergen die Erde, mit Wäldern die Hügel, die Meere zieren Inseln, Stiere Hörner, Flüsse heitere Wiesengelände und die Städte Mauern. Schrecklicher ist ein Löwe, der zottig ist; und ein Roß, das seine Mähne schüttelt, ein Hahn, der seinen Kamm aufrichtet, sind kampflustiger. Am höchsten verehren die Weisen unter den Gestirnen die Schweifsterne, unter den Priestern die mit wallenden Haaren und von den Göttern den auf diese, jenen auf eine besondere Art; so legen sie Poseidon schwarze Haare bei, Apollo ungeschorene, struppige dem Pan, wogende Locken der Isis und dem Dionysos efeubekränzte. Nicht einmal zur Trauer beschnitt Aphrodite sich das Haar. Einstmals hörte ich gar einen Weisen die Sonnenstrahlen des Helios Haare nennen, und er behauptete, Zeus sei darum der vornehmste aller Götter, weil er sein Haupthaar schüttle, und wenn er zuwinke, nicht täusche. Hermes trägt nicht nur an den Schläfen, nein, auch an den Fersen Haarschmuck. Nur dann wird eine Stadt gleichsam geschoren, wenn man sie erobert hat, und ein Weib tut den Schmuck ihres Hauptes von sich, wenn sie trauert. Hunger würgt die Lande, wenn sie sich nicht zieren mit Laub. Wird ein Baum gefällt, so beklagt man ihn, und ein erhabener Dichter weiß das herrlich zu besingen. Und du hast dir tränenlos soviele Zweiglein abschneiden können! Wahrlich, ich will deinen abgeschnittenen Locken eine Grabrede halten! O du Feste der Schönheit, o du Hain der Liebe, o ihr Sterne des Hauptes!

Der achtzehnte Brief: An einen schönen Knaben

Purpurgewänder liebten die Lacedemonier anzulegen, um die Feinde durch die Blutfarbe zu schrecken, und um nicht selber sich durch die Furcht knechten zu lassen, wenn sie verwundet würden. Ihr aber, schöne Knaben, sollt euch nur mit Rosen waffnen und von euren Liebhabern dies Rüstzeug euch schenken lassen. Hyazinthen ziemen sich nur für zartweiße, Narzissen für braunhäutige Knaben, die Rose aber für alle, ist sie doch selber einmal ein Jüngling gewesen. Rosen verführten den Anchises, Rosen haben Ares der Rüstung entkleidet, Rosen lockten Adonis zum Stelldichein. Sie sind des Frühlings Schmuck, der Glanz der Erde und die Leuchten der Liebe.

Der neunzehnte Brief: An ein Mädchen

Flüchtest du gleich vor mir, so nimm doch wenigstens diese Rosen statt meiner an, vereine sie nicht nur zu Kränzen, nein, streue sie auch auf dein Lager. Denn nicht nur schön allein sind sie fürs Auge, und aus ihnen heraus flammt die Glut, sondern auch weicher sie sind als der weichste Flaum und linder als Purpur von Babylon oder Tyros. Schön zwar ist der Purpur, doch er ermangelt des köstlichen Duftes. Befehl ward den Rosen, deinen schlanken Hals zu küssen, deinen knospenden Busen zu umspielen und dir Adonis zu sein, wenn du es gestattest; und sie werden gehorchen, das weiß ich. O ihr glückseligen Rosen, mit welcher Inbrunst werdet ihr sie umarmen! Bittet, bestürmt sie um Mitleiden mit mir, schenkt sie euch aber kein Ohr, so werdet Nesseln für sie.

Der zwanzigste Brief: An einen schönen Knaben

Wie von Flügeln so von Blättern getragen eilen diese Rosen sehnsuchtsvoll zu dir. Als Adonis' Gedenken nimm sie hin, als Purpurblut der Aphrodite oder als der Erde Augensterne. Den Wettkämpfer ziert ein wilder Ölbaumzweig, den König, der ein großer Eroberer ist, die hochstrebende Tiara, den Krieger ein flatternder Helmbusch, einen schönen Knaben jedoch die Rose; denn beide duften sie süß, beide sind sie von köstlicher Farbe. Nicht sie werden dich, nein, du wirst sie mit deiner Schöne schmücken.

Der einundzwanzigste Brief: An ein Mädchen

Diesen Rosenkranz sende ich dir, nicht nur dir eine Ehre damit zu erweisen, wiewohl ich auch das wünsche, sondern den Rosen selbst zu Gefallen, auf daß sie nicht welken.

Der zweiundzwanzigste Brief: An einen schönen Jüngling

Wohl tatest du daran, dir ein Rosenlager zu bereiten. Denn die Freude an dem, was ich dir sandte, ist ein Zeichen, daß der Spender dir nicht gleichgültig ist. Der Auftrag ward ihnen, dich an meiner Statt zu berühren. Blumen der Liebe und der Schalkheit sind sie, die der Schönheit zu genießen verstehen. Nur fürchte ich, daß sie dich der Ruhe beraubten und dich so wenig wie Danae das Gold schlafen ließen. Willst du deinem Freunde noch eine Wohltat bereiten, so sende mir die Rosen zurück, die übrig noch blieben, da sie nicht nur ihren eigenen Duft haben, sondern auch noch deinen Wohlgeruch ausströmen.

Der dreiundzwanzigste Brief: An ein Mädchen

Als Zeus auf dem Idaberge schlummernd lag, entsproßten der Erde Hyazinthen, Lotos und Violen, die Rosen aber fehlten. Sind sie etwa nur der Aphrodite zu eigen? Hätte Hera sie sich vielleicht von Aphrodite ausbitten sollen, wie sie sich ihren Gürtel lieh? Oder wuchsen sie nicht, weil Zeus nicht geschlafen hätte, wenn sie dagewesen wären? Und nach Wunsch der Achaeer sollte Zeus doch schlummern. Wahrlich, wo Rosen ihren Duft ausatmen, müssen Götter und Menschen die süßesten Stunden durchwachen, denn ihr Wohlgeruch ist dem Schlummer feind. Doch mag Homer wie jeder andere Dichter es damit halten, wie er will; daß aber du auf Rosen lagertest und auf den Blumen der Liebe nicht Liebe verspürtest, war nicht recht. Deiner Liebhaber einer hätte bei dir liegen sollen, oder vielmehr ich, dein Zeus. Oder wähntest du etwa einen neuen Geliebten an dich zu ziehen, als du den Rosenkranz an deinen Busen drücktest?

Der vierundzwanzigste Brief: An einen schönen Knaben

Was ist geschehen? Als ich die Rosen sandte, waren sie schön und frisch; würd' ich sie denn geschickt haben, wenn sie deiner nicht würdig gewesen wären? Wie sie aber zu dir kamen, welkten sie dahin und ihr süßer Hauch erstarb. Genau weiß ich freilich den Grund nicht; wollten sie ihn mir doch nicht zuflüstern, die losen Rosen, aber ich kann ihn mir schon denken! Nicht ertragen konnten sie es, von deiner Schöne überstrahlt zu werden, und auf einen Wettstreit mit dir wollten sie nicht einmal sich einlassen. Sowie sie deinen süßer duftenden Leib berührten, war ihr Wohlgeruch dahin. So verschwindet ein Licht vor einer leuchtenderen Fackel, und all die Sterne verbergen sich vor der Sonne goldenem Gleißen.

Der fünfundzwanzigste Brief: An ein Mädchen

Wahrlich, des Eros' Blumen sind die Rosen, jung und zart sind sie wie Eros. Beide erstrahlen sie in goldenen Haaren, auch sonst sind beide sich noch ähnlich. Dornen tragen die Rosen, Eros Pfeile; sie glühen, er schwingt eine Fackel. Sie haben Blätter, er Flügel. Beiden aber ist die Zeit nicht hold, die Schönheit und Rosen dahinwelken macht, denn Chronos mißgönnt der Schönheit ihre Blüte und der Rose die Dauer. Rosenbekränzte sah ich in Rom an mir vorüberfliegen und durch ihre Geschwindigkeit ankündigen, wie wenig man der Blüte trauen darf, und durch ihren Lauf, daß man ihre Zeit ausnützen solle; zaudere man, so welke sie jählings dahin, eine zaghafte Schöne verblühe wie die Rose. Säume nicht, schönstes Kind: scherzen wollen wir miteinander und uns mit Rosen bekränzen und durch dieses Leben dahinstürmen.

Der sechsundzwanzigste Brief: An einen schönen Knaben

Der Schönheit wie der Rose erblüht nur ein Frühling. Wer ihn nicht genießt, ist ein Narr, denn er säumt, wo es der Dauer ermangelt, und zaudert bei Vergänglichem. Der neidische Chronos zerstört der Blume Schönheit und der Jugend Blüte. O du, meine sprechende Rose, bedenke dich nicht und lasse uns im Genusse erbeben, solange es vergönnt ist und du im Leben weilst.

Der siebenundzwanzigste Brief: An ein Mädchen

Vernommen hab' ich, daß die Rosen ihre Schuldigkeit getan haben, als sie bei dir ankamen. Ich hatte es ihnen aber auch anempfohlen. Aus deinem blütenweißen Leibe tranken sie Tau, der sie wieder aufleben ließ, als ihre schon matte und leichtvergängliche Seele entrinnen wollte. Ihr tatet wohl daran, liebe Rosen, daß ihr wieder frisch wurdet, und ich bitte euch, bleibt es, bis ich nahe, denn ich möchte sehen, ob das süße Kind und ihr, Rosen, einander verliehen habt, was ihr besitzt, ihr den stärkeren Duft, sie ihrer Schöne länger währende Dauer.

Der achtundzwanzigste Brief: An einen schönen Knaben

Du rechtest mit mir, weil ich dir keine Rosen sandte. Weder unterließ ich's, weil du mir gleichgültig bist, noch weil ich der Liebe ermangele, sondern ich wähnte, du, ein goldlockiger Knabe, der du mit eigenen Rosen Dich kränzt, bedürftest keiner fremden Blüte. Dem blondgelockten Meleager setzte Homer keinen Kranz auf das Haupt, denn was wäre das anders gewesen wie Feuer auf Feuer, Leuchte auf Leuchte? Auch dem Achilles nicht und nicht dem Menelaus noch einem anderen seiner gepriesenen Helden mit langem Haupthaar. Eine neidische Blume ist die Rose. Nur kurze Zeit vergönnt sie uns ihren Besitz und welkt jählings; und gar trauriglich soll ihres Daseins erster Anbeginn sein. Als Aphrodite einst an einem Rosenstrauch vorüberwandelte, ritzten sie die Dornen, wie die von Cypern und die Phöniker erzählen. Mit Blut wollen wir uns nicht zieren, o mein Freund; und eine Blüte meiden, die nicht einmal Aphrodite verschont.

Der neunundzwanzigste Brief: An ein Mädchen

Goldlockig bist du, was begehrst du also der Rosen? Du bist doch, was sie sind. Was forderst du Blumen, die in Bälde verblühen? Warum willst du dein Haupt mit Feuer bekränzen? Den Halsschmuck, den die Colcherin Medea der Glauke sandte, bildeten, glaube ich, verzauberte Rosen, die sie verbrannten, als sie ihn annahm. Denn, sind die Rosen lieblich, so sollen sie ein schönes Kind nicht in den Schatten stellen, sind sie duftüberströmt, dürfen sie die Schöne nicht an Wohlgeruch übertreffen, sind sie vergänglich, mögen sie die Strahlende nicht schrecken. Fallende Rosenblätter und sterbende Menschen, wie ähneln sie sich! Die Freunde betrachten Rosen in ihrer köstlichsten Blüte voller Betrübnis, weil sie sich sagen, wie bald werdet ihr dahinwelken; daher ist ihre Freude, solange sie blühen, nur kurz. Was verlangst du nach Blumen? Bist ja selber die blumenbunteste Au, und dein Haupt trägt Blüten, die selbst im Winter prangen und zur Sommerzeit nicht welken, die gepflückt in ewiger Schönheit sind. Ach, dürfte ich dir eine einzige Locke nur rauben! Lieber sollte sie mir sein denn alle Rosen, wohlriechend würde sie nimmer verblühen.

Der dreißigste Brief: An einen schönen Knaben

Wie eigenwillig, wie widerstrebend ist deine Schönheit. Pflegst du ihrer auch nicht, so blüht sie um so herrlicher, den Pflanzen gleich, die auf die Natur sich verlassen und des Ackermanns Sorgfalt nicht bedürfen. Besteigst Du denn kein Roß, eilst du nicht in die Palaestra, lagerst du dich nicht in die blanke Sonne? Denn sie verleiht ja schönen Jünglingen blühenderes Aussehen und eine köstlichere Hautfarbe. Ungeputzt, dich selber vernachlässigend, läufst du einher und tust dir Schaden an. Du täuschst dich aber, denn doch bist du lieblich, wenn du es auch gleich nicht sein möchtest, und bezauberst alle Männer durch deine reizende Vernachlässigung, den Trauben gleich, oder den Äpfeln und anderen schönen Naturgaben, die von selbst schön werden. Sich übermäßig putzen, ist buhlerisch und eine künstliche Schönheit ist es wert, daß man sie gleich einem Betruge verachtet. Einfalt, Aufrichtigkeit und Offenheit nur schmücken die, welche wirklich schön sind. So liebt Apollo die Schäfer, Aphrodite die Hirten, Rhea die Ackerbauern und Demeter den, der kein Städter ist. Gibt es denn geputzte Gestirne oder Löwen oder Vögel? Zwar schmückt man Rosse mit Gold und Elfenbein, doch wer es tut, beleidigt des edlen Tieres Stolz und ist so töricht, die Natur in dem verbessern zu wollen, was sie nur scheinbar vergaß.

Der einundddreißigste Brief: An ein Mädchen

Ein Weib putzt sich, wenn sie einen Fehler zu verbessern sucht, denn sie fürchtet, man möchte entdecken, was ihrer Natur ermangelt. Ein schönes Weib bedarf keines erborgten Reizes. Sie findet in sich selber die vollkommene Schönheit. Das Schminken der Augen, der Gebrauch von falschen Haaren, künstliches Wangenrot, das Färben der Lippen und alle sonstigen Mittel des Putztisches, was wollen sie anders als Naturfehler verbergen? Weniger künstlich geputzt, ist wahrhaft schön. Je zuversichtlicher du dich daher auf deine eigene Schönheit verläßt, desto lieber werde ich dich haben, weil ich in deinem Unterlassen alles künstlichen Putzes den Beweis deines Vertrauens auf deine Vollkommenheit sehe. Denn du übertünchst dein Antlitz nicht und fliehst, die sich schminken, wandelst daher unter den wahrhaft schönen Frauen, wie es jene alten waren, die künstlicher Mittel entrieten und die der goldne Regen, der Stier, das Wasser, die Schlange und der Schwan geliebt haben. Schminke, Wachs, durchscheinende tarentinische Gewänder, Schlangenringe und vergoldete Sandalen sind nur einer Thais, einer Aristagora oder Lais Waffen.

Der zweiunddreißigste Brief: An einen schönen Knaben

Woher stammst du, o schöner Knabe? sage es, warum du also sehr dich der Liebe erwehrst. Aus Sparta, sagst du? Hast du nichts vom Hyazinth vernommen? Hast du dich nie mit der Blüte bekränzt, die seinem Blute entsproßte? – Oder sagst du etwa: ich stamme aus Thessalien? Hast du nichts von Achill, dem Phthioten, gelernt? – Aus Athen? Bist du denn nie an Aristogeitons und Harmodios' Bildnissen vorübergegangen? – Aus Jonien? Welches Gefilde ist üppiger denn das Land, das Branchos und Klaros, des Apollo Lieblinge, hervorbrachte? Stammst du aus Kreta? Wo Eros allherrschend ist und den hundert Städten gebietet? Nein; nicht all diesen Ländern bist du entsprossen, nein, du bist ein Barbar aus Scythenland. Von jenen mörderischen Altären und seinen tyrannischen Opferern stammst du ab, die den Fremden so gefährlich werden. Folge denn nur den Gesetzen deines Vaterlandes, magst du mich nicht von der Liebe Pein befreien, so greife doch zum Schwerte. Durch Bitten will ich ihm nicht entgehen, fürchte nur du es nicht! Eine Wunde wenigstens will ich von dir empfangen.

Der dreiunddreißigste Brief: An ein Mädchen

Wärest du aus Lacedaemon, mein schönes Kind, so würdest du des Schiffs der Helena gedenken, wärst du eine Korintherin, der nachtschwärmenden Lais, stammtest du aus Boeotien, des Beilagers der Alkmene. Wenn du aus Elis geboren, hättest du nicht von des Pelops Wettfahrt vernehmen müssen, und von der, die auf der Rennbahn versprochen wurde? Hättest du nicht den Alpheos bewundert und aus seinen hochzeitlichen Wassern getrunken? Die Nymphe Tyro schwamm in den Enipeos und folgte dem Poseidon, der das Meer aufpeitscht, denn sie war schön und göttlicher Liebe würdig. Auch aus Tespiae scheinst du nicht zu stammen, sonst würdest gewißlich du dem Eros opfern, und nicht aus Athen, weil du sonst der Aphrodite verschwiegene Nachtfeste, die feierlichen Tänze mit Jünglingen und Maenanders Lustspiele kennen würdest. Wärest du auch gleich eine Barbarin und eine Amazone von den Gewässern des Thermodon, so weiß man doch auch von diesen fast sicher, daß sie sich zu Jünglingen legen und heimlich Kinder gebären. Aber auch keine Tracierin bist du, noch aus Sidon gebürtig, denn auch dort ist Eros der Herrscher, und eine hat von Ninos, eine von Boeotos sich umarmen lassen. Wenn ich jedoch nicht ganz unglücklich im Raten und kein übler Deuter des Antlitzes bin, so glaube ich gefunden zu haben, woher du kommst. Danaos ist dein Vater, wie sein, trachtet auch dein Sinn, zielt auch deine Hand nach Mord. Doch eine seiner männermordenden Töchter hat sich des liebenden Jünglings erbarmt. Nicht um Gnade flehe ich zu dir auf, nicht mit Tränen will ich dich bewegen. Vollende das Trauerspiel, und berühre mich, sollte es auch gleich mit dem Dolche sein.

Der vierunddreißigste Brief: An ein Mädchen

Wenn Du keusch bist, warum auch nur mir gegenüber, wenn du dich hingibst, warum nicht auch mir?

Der fünfunddreißigste Brief: An einen schönen Knaben

Weil ich arm bin, siehst du verachtungsvoll auf mich herab. Und doch stehen Eros und die Charitinnen und auch die Sterne in nackter Schönheit da. Und Herakles sehe ich auf den Bildnissen mit einem Löwenfell angetan auf bloßer Erde ruhen; Apollo aber übt sich nur in dünnem, hochgegürtetem Leibrock im Diskoswerfen, im Laufen und im Pfeilschleudern. Die Perserkönige hingegen lieben den Prunk, sitzen auf erhöhten Thronen und suchen ihre Erhabenheit durch die Fülle des Goldes zu steigern. Und darum sind sie, die reichen Perser, von den bedürftigen Griechen überwunden worden. Arm war Sokrates und doch kroch der mit Schätzen begabte Alcibiades unter seinen geflickten kargen Mantel. Armut bringt keinem Schande; und dem Glücke kann niemand fluchen, weil es an ihm vorübergegangen ist. Siehe im Theater um dich, Arme sind die Zuschauer, blicke zu den Stühlen der Richter auf, Arme sind's, die auf ihnen sitzen. Tue deine Augen auf in den Schlachten, die goldbewehrten Reichen verlassen schimpflich die Schlachtordnung, wir aber, die Armut knechtet, kämpfen tapfer. Denke daran, wie der Reiche, wie der Arme schöne Knaben behandelt; der da reich ist, sucht gekaufte Sklaven in euch und mißbraucht euch voll Übermutes, der Arme hingegen segnet euch um eures Mitleides willen. Der Reiche wirft sich mit seinem Raube prahlend in die Brust, mit der Verschwiegenheit Schleier umgibt sich der Arme.

Seinem alles vermögenden Golde glaubt der Reiche, das, was er sein Glück nennt, zu verdanken, der Güte des ihm Glückspendenden aber der Arme. Seine Schmeichler oder Köche, seine Schmarotzer oder Diener läßt jener euch holen, der kommt selber, seinen Auftrag um eurer Ehre willen keinem anderen anvertrauend. Sofort bezahlt der Reiche und verbreitet also seiner Liebschaft Kunde, denn bei den vielen, die darum wissen, kann es nicht anders geschehen, als daß sie jedes Nachbarn, jedes Fremdlings Ohr erfüllen muß; in der Stille pflegt der Arme des beseligten Genusses. Er begehrt nicht hochfahrenden Worts, meidet den Lärm und verbirgt sein Glück voll der Angst, ein Mächtiger möchte es rauben. Was bedarf es langer Reden? Seinen Zeitvertreib nennt dich der Reiche, meinen Gebieter heiße ich dich, jener seinen Sklaven, ich meinen Gott. Für jenen bist du ein geringer Teil seines Gutes, mir aber bedeutest du alles Heil. Und vollends genau so gebärdet sich der Reiche dem gegenüber, den er nach dir liebt; aber ein einziges Mal nur liebt der Arme. Wie stet und treu wird daher er sein! Wer wartet des kranken Liebsten so wie er? Wer hält wie er an deinem Lager Wacht? Wer zieht mit dir ins Schlachtgefilde? Wer tritt schützend vor dich hin, wenn ein Pfeil wider dich geschnellt wird? Wer würde lieber denn ich für dich des Todes sterben? Siehe, das alles sind meine Reichtümer.

Der sechsunddreißigste Brief: An ein Mädchen

Begehrst du des Goldes, muß ich meine Armut eingestehen, heischst du aber Liebe und Treue, so bin ich des Überflusses reich. Keine so große Schande wäre es für mich, des Geldes zu ermangeln, als für dich, um des schnöden Gewinstes halber dich zu verkaufen. Also handeln Hetären, welche sich nur denen geben, die da reich und mächtig sind, weil sie ihnen Gold ins Händchen legen. Ein edles Weib aber sieht nicht darauf, wer der Reichste, nein, wer der Beste ist und schenkt ihre Liebe dem Würdigsten. Befiehl, was du willst, ich werde gehorchen. Sende mich aufs hohe Meer hinaus, sofort küßt mein Fuß des schwachen Schiffes Boden. Laß mich schlagen, ich will's erleiden. Heiß das Leben für dich mich wagen, freudig tu' ich's. Soll ich durchs Feuer schreiten, keines Augenblicks der Besinnung bedarf es. Welcher Reiche würde all das vollenden?

Der siebenunddreißigste Brief: An einen schönen Knaben

Wundere dich nicht, daß ich, der ich fremd dir bin, dich liebe. Soll man die Augen strafen, weil sie etwas Fremdes liebend anschaun? Schönheit und Feuer entfachen allüberall Brände, diese muß strahlen und jenes von ihr entfacht werden. Ohren und Augen ist der Unterschied fremd, der Seele Diener sind sie Bekannten und Unbekannten. Branchos entfloh nicht dem Apollo, der ein Fremdling war, Hylas nicht vor Herakles, Licymnios nicht vor Rhadamantys, vor Achilles nicht Patroklos, nicht Chrysippos vor Laios. Der Samier Polycrates liebte den Smerdias und Agesilaos jenen persischen Knaben, dessen Namen ich nicht weiß. Fremd sind der Erde die Regen und die Meere den Flüssen, Asclepios dem athenischen Volke, uns Zeus, der Nil den Ägyptern und die Sonne der ganzen Welt. Fremd unserem Leibe ist die Seele, dem Frühling die Nachtigall, den Häusern die Schwalbe, Ganymed im Olymp, den Felsklüften der Eisvogel, der Elefant den Römern, den salbenbereitenden Indern der Vogel Phönix, der auch nur spärlich zu uns kommt. Die den ersten Storch sahen, fielen gar betend vor ihm nieder. Fremd sind auch unsere Buchstaben, denn sie kamen aus Phönikien, fremd die Seidengewebe der Serer und die Götterlehre der Magier. Und doch sind uns all diese Fremdlinge lieber denn die Einheimischen, weil wir stets lieber noch nach dem Seltenen fahnden, als uns mit dem zufrieden geben, was unseres Landes ist.

Darum taugt uns auch ein fremder Liebhaber am besten, weil auch der Verdacht nicht neben ihm schreitet, sondern nur im Dunkeln späht. Wünschest du einen steten Geliebten, so will ich mich ins Buch deiner Seele einschreiben, und du sollst des Zeus Phratrios und der Apollo Patroos dieses Buches sein, Eros aber sein Herrscher.

Der achtunddreißigste Brief: An ein schönes Mädchen

Ein schönes Kind muß ihre Liebhaber nicht nach der Geburt, nein, nach dem Herzen erwählen. Der da fremd ist, kann ein guter, ein Einheimischer, um so mehr, wenn er sich mit dieser Eigenschaft brüstet, aber ein böser Mensch sein. Kein anderes Verdienst hat ein Einheimischer als ein Stein, der an seiner Stelle verharrt, oder jedes andere Ding, das Notwendigkeit dauernd an seine Stelle zwingt. Den schnellsten Göttern aber gleicht ein Fremdling, der Sonne und den Winden, den Gesteinen und Eros, der mich auf der Liebe Fittich hieher getragen hat. Verwirf nicht eines Fremdlings Flehenssprache. Auch Hippodamia verachtete nicht den Pelops, der ein Barbar und ein Fremdling war, und Helena nicht den, der um sie nach Sparta kam, nicht Phyllis den über Meere hin zu ihr eilenden Demophoon, Andromeda nicht den, der zu ihr herniederflog, denn sie wußten, daß sie bei den Einheimischen nur über eine Stadt, bei den Fremdlingen jedoch über viele Städte thronend herrschen würden. Willst du, so wollen wir einen Vertrag fertigen, entweder bleibe ich bei dir, oder du kommst mit mir in mein Land. Billigst du diesen Vorschlag nicht? Bedenke doch, daß der Fremdling kein Fisch werden, seinen Aufenthaltsort auf der Erde aber, eben weil sie Erde ist, wechseln kann. Was ist denn ein Vaterland anders als das armselige Land, welches engherzige Gesetzgeber mit festen Grenzen und Toren umgürtet haben, damit wir unser

Wohlwollen auf gleich engen Raum beschränken und es ja nicht wagen, den Fleck, an den die Liebe uns festknüpft, zu überschreiten. Auch in uns hausen Fremdlinge, die Liebe in mir, in dir die Schönheit. Nicht wir sind ihnen, sie uns nachgeeilt und waren uns hochwillkommen, wie die Gestirne denen auf hohem Meer. War's mir kein Hindernis, dich zu lieben, weil du mir fremd warst, so darf auch dich das Fremdsein nicht abhalten, mich wieder zu lieben. Vielleicht ist dein Liebhaber ein Flüchtling gleich dem Polyneikes und Tydeus, die Adrastos als Tochtermänner erkor, um sein Reich verteidigen zu können. Verwehrt man es auch einem Fremdling, ein Feuer zu entfachen, so hindert man ihn doch nicht, das entflammte zu löschen. Handle nicht als Lacedaemonierin und lasse Lycurg Lycurg sein. Das Gesetz, Fremde zu verbannen, kennt Eros nimmer.

Der neununddreißigste Brief: An einen schönen Knaben

Wie oft habe ich meine Augen weit aufgetan, auf daß du dich hinausretten solltest, dem Jäger gleich, der die Netze öffnet, damit das gefangene Tier entfleucht. Fest aber bliebest du thronen wie Feinde, die einen neuen Wohnsitz mit Waffengewalt erstritten haben und nun nicht mehr willens sind, wieder abzuziehen. Und siehe, wie oft, ach, tu ich dir wieder die Augenlider auf, fliege hinaus, setze dich nicht länger hinter ihnen fest. Sei nun auch Anderer Augen Gast! Doch hörst du nicht auf mich, immer tiefer sinkst du in sie hinab und nimmst gar im Herzen herrschend Platz. Welch neue Gluten durchtoben mich. Gefahr laufe ich, zu verbrennen, ich rufe nach Wasser, aber keiner bringt's mir, weil Wasser, das meine Gluten löscht, nicht aus Brunnen, in Flüssen nicht fließt. Denn Liebesfeuer verzehrt auch das Naß.

Der vierzigste Brief: An ein Mädchen

Welch neue Art des Menschenraubs ist das, welch eine neue Tyrannei? Mit deinen Augen reißt du mich an dich, treibst du mich, wohin ich nicht will, der Charybdis gleich, die Schiffe in ihre Strudel zieht. So gibt es denn auch Liebesklippen und Stürme, die aus den Augen herausbrausen. Wen sie in ihre Wirbel reißen, der ist ewig verloren. Selbst die Charybdis tat nicht also, nur zu bestimmten Zeiten war sie gefährlich, und wer nur ein wenig seines Schiffes gebot, der vermochte sich zu retten, durch einen Baum, welcher im Wogenprall schwamm. Wer sich aber in der Schönheit Meer wagt, hebt sein Haupt nimmermehr über die Wellen empor.

Der einundvierzigste Brief: An einen schönen Knaben

In Nestern wohnen die Vögel, in Felsriffen die Fische und in den Augen die Schönheit. Jene verharren nicht immer gleichen Orts, sondern wechseln mit der Mannigfaltigkeit der Jahreszeiten. Die Schönheit aber, die sich einmal in die Augen versenkt hat, haust ewiglich dort. So habe auch ich dich in meinen Augen liebreich aufgenommen und trage dich stets in ihnen umher. Sehe ich Herden im Gefilde, so halte ich dich für ihren Hirten, der da lagert und das Gestein durch seine Schöne rührt. Gehe ich am Meere hin, so sehe ich dich aus den Fluten nahen, wie einst Aphrodite den Tiefen entstieg. Bin ich auf der Wiese, so tauchst du unter den Blumen auf, deren keine von deiner Schönheit ist. Sind sie auch schön und reizend, sind sie's doch nur einen einzigen Tag. Steh ich an einem Fluß, so ist er auf einmal, ich weiß nicht wie, verronnen und ich sehe dich dahinströmen, schön, herrlich und tiefer denn das hohe große Meer. Schaue ich zu den Himmeln auf, so ist die Sonne verschwunden und wandelt vielleicht hienieden irgendwo, und an ihrer Statt strahlst du, den ich strahlend wünsche und ersehne. Sinkt die Nacht hernieder, schaue ich zwei der Sterne, Hesperos und dich.

Der zweiundvierzigste Brief: An ein Mädchen

Wie wurdest du meiner Seele Herrin? Wahrlich nur durch die Augen, durch welche die Schönheit einzieht. Wie Tyrannen in festen Burgen, in hohen Schlössern Könige und die Götter im allgewaltigen Olymp Sitz und Herrschaft haben, so Eros in der Augen Feste. Mit keinem hölzernen oder steinernen Wall, nur mit den Augenlidern hat er seine Burg umtan, und ganz leise und still schleicht er sich ein in das Herz, doch schnell, da ihm Flügel wuchsen, ungehindert, weil er nackt, und unüberwindlich, denn er ist mit dem Bogen bewehrt. Fühlen die Augen zum erstenmal Liebe, so brennen sie, denn es ist eines Gottes Wille, daß sie Lust und Schmerz zugleich verspüren sollen. O ihr bösen Fackelträger des Eros, ihr, die ihr so sehr auf Liebe und schöne Leiblichkeit lauert, warum ließet ihr euch durch die Schönheit entflammen, warum lehrtet ihr meine Seele, sich dem äußeren Eindrucke aufzutun? Warum zwanget ihr mich zur Untreue wider die Sonne und ließet mich ein ander Feuer bewundern? Darum müßt ihr nun wachen und brennen und immer drauf sinnen, wie ihr der Freiheit wieder teilhaftig werdet, die ihr nimmer erstreben könnt. Wie glückselig, o ihr Götter, sind die des Gesichtes ermangeln, in sie kann Eros nimmer strahlend einziehen.

Der dreiundvierzigste Brief: An einen jungen Knaben

Meine Augen schloß ich vor dir. Wie, willst du wissen? So wie Belagerte ihre Tore. Und meinen Wachen zum Trotz hast du dich eingeschlichen. Sag an, wer tat dir auf, wenn nicht die Augen es selber taten? Etwas muß in meinen Augen wohnen, das Eros dient und mit Eros im Bunde wider die Seele ist. Die gedachte sonst nur, wessen sie wollte, und sann nur über der Philosophie erhabenste Lehren. Ihre Lust war's, den weiten Rücken des Himmels zu betrachten, der Gestirne Eigenschaften zu erforschen und was das Weltall für Veränderungen erleiden mußte, und was sie bedang. Nichts Lieberes kannte ich, als der Sonne in ihrem Laufe zu folgen und mich mit dem Monde, der da abnimmt, zu ängstigen, mich mit ihm zu freuen, wenn er sich rundete, und mit dem Chor der übrigen Planeten umherzuschweifen. Nichts Verborgenes hielt die Natur, das ich nicht zu ergründen versucht hätte. Seit ihr aber der Menschen Liebe genaht ist und sie durch schöne Augen gefesselt ward, vergaß sie des ganzen Himmels und sinnt nur auf Liebe. Des Geliebten äußeres Gebilde nimmt sie auf und verwahrt es und hält es tief eingegraben in den Tiefen des Inneren. Was in der Seele Schlünde drang, ist tags ihre Leuchte und ihr Traum nächstens.

Der vierundvierzigste Brief: An ein Mädchen

Deine Augen liebe ich und hasse meine. Denn in jenen entdecke ich scharfen Verstand, in diesen allzugroße Geschäftigkeit. Unverschämt sind sie und können nicht das, was sie einmal erschaut, still verwahren. Ewig sprechen sie zu meinem Herzen: Hast du sie nicht gesehen, sie, die Schöngelockte, sie, die so lieblichen Antlitzes ist? Komm, tritt vor sie hin, sende ihr Briefe, ja weine und flehe zu ihr auf Knien. Und dann gehorsamt mein Herz und gehorsamt ihnen, weil es lüsternen Wächtern nicht mit ehernem Panzer sich entgegenstellt. Mit Gewalt pressen sie es aus dem Leibe hinaus und zwingen es, schön zu finden, was sie vorher schon lobten. Ehe Eros von meiner Seele Besitz nahm, kannte sie wahrlich nichts als die schöne Sonne, die sie allein bewundernd betrachtete. Nun sie aber Menschenschöne gekostet hat, ist sie ermattet der Sonne untreu worden und steht in harter Fron der Leidenschaft, die vor Türen harrt oder auf der Erde liegt, die mit Sonnenglut und Winterfrost und mit Nebenbuhlern ein: »entweder töte mich, oder ich morde dich« kämpfen muß. Für all diese Leiden bist du das Heilmittel, wenn du vergängliche Arbeit mit ewigen Werken, kurze Wollust mit nie alterndem Glühen vertauschen willst. Was du geben sollst, kann jegliches Weib geben und ist dir ein leichtes. Was du dafür gewinnst, ist unsagbar groß: Liebe, treues Gedenken und glühende Nächte, die Vater und Mutter uns werden lassen.

Der fünfundvierzigste Brief: An einen schönen Knaben

Wenn Agamemnon seinem Zürnen gebot, war er schön und ein großer Held und nicht einem, nein, vielen der Göttlichen gleich. Wie Homer konnte man dann von ihm sagen: »An Auge und Haupt glich er dem donnerfrohen Kronion, am Gürtel dem Ares, an gewaltiger Brust dem Poseidon.« Ließ er sich aber von Leidenschaft knechten, tobte er wider Gefährten, war er feig wie ein Hirsch, schamlos wie ein Hund und sein Auge glich nicht dem des Zeus. Wildschweine und Hunde, Schlangen und Wölfe und andere der Vernunft entbehrende Tiere ergrimmen. Ein schöner Jüngling kränkt aber schon dadurch, daß er nicht lächelt, wenn er gleich sonst auch nicht finsteren Antlitzes ist. Der Sonne fehlt es an Glanz, wenn sie ihre Fülle mit Wolken verhüllt. Was bedeutet das trotzige, nächtigfinstere Aussehn? Was soll das menschenfeindliche Dunkel? Lächle, laß dich zufrieden sprechen. Lasse den Tag wieder in deinen Augen erglänzen!

Der sechsundvierzigste Brief: An ein Mädchen

Zornig nannt' ich dich gestern und du schienst nicht die Schöne, die ich sonst sah. Der Grimm des Herzens hatte dich ganz entstellt und deines Gesichtes Anmut zerstört. Besinne dich eines besseren und schaue nicht mehr so wild um dich. Der Mond lächelt nicht mehr sanft, wenn er umwölkt ist, wenn sie weint oder zürnt, ist Aphrodite nicht schön, Heras große Augen erfreuen uns nicht, wenn sie mit Zeus hadert, und das bewegte Meer verlor seine Lieblichkeit. Legt doch Athene die Flöte beiseite, weil sie ihr Antlitz beim Spiele entstellt. Die Erinnyen nennen wir Eumeniden, wie wenn sie ihr finsteres Wesen abgetan hätten. Und wir freuen uns der Dornen am Rosenstrauch, weil sie an einem wilden Busch, der uns wehetun und verletzen kann, mitten unter Rosen lachen. Es ziert ein Frauenantlitz immer die Ruhe. Sei nicht heftig und nicht so schrecklich, und beraube dich nicht des schönsten Schönheitsglanzes! Reiße nicht selbst dir die Rosen ab, die auf der Schönheit Wangen glühn. Schenkst du meinem Wort keinen Glauben, so laß dir den Spiegel es sagen, wie ganz anders du ausschaust! Ein gutes Zeichen ist's, daß dein Gesicht du abwendest. Denn entweder haßt du dies Aussehn, oder erschrickst vor ihm, oder aber erkennst es nicht oder es reut dich.

Der siebenundvierzigste Brief: An einen schönen Knaben

Wie ich vermuten darf, willst du mich erhören, bist aber noch umfangen von Scham. Wie lange willst du noch zögern, dir einen treuen Freund zu erwerben? Sind nicht Homers Gedichte der schönsten Knaben voll, hat er nicht einen Nireus, einen Achilles wider Troja geführt? Haben nicht um ihrer Schöne willen Harmodios und Aristogeiton Freunde gefunden, die ihnen bis zum Tode anhingen? Hat nicht Apollo dem Admetos und Branchos um süßen Lohn gedient? Hat nicht Zeus den Ganymed entführt, der ihn köstlicher denn Nektar erlabt? Ihr allein, o schöne Knaben, bewohnt den Olymp wie eine Stadt! Hadere nicht mit deinem Liebsten, weil er dir keine Unsterblichkeit zu verleihen vermag; sein Leben aber kann er für dich verbluten. Glaubst du es nicht, so will ich dir meine Bereitschaft zeigen, auf der Stelle für dich zu vergehen. O du Grausamer, wird dir's nicht wehe tun, wenn ich um dich den Strick um den Hals mir schlinge?

Der achtundvierzigste Brief: An ein Mädchen

Du befiehlst mir, dich zu meiden und nicht nach dir zu sehen. Welcher Gesetzgeber heischt dieses, welcher das? Wenn keines von beiden verboten ist, so beraube dich nicht selbst des Vergnügens, dich zu zeigen, und nicht mich dessen, dich zu sehen. Auch der Quell fordert nicht: keiner soll aus mir trinken. Der Herbst spricht nicht: niemand soll meine Früchte brechen; die Wiese nicht: keiner wandle auf mir! Folge auch du, o meine Schöne, der Forderung der Natur und lösche des Wandersmanns brennenden Durst, den deine Augensterne versengten.

Der neunundvierzigste Brief: An eine Verheiratete

Die Sache an sich ist zwar eins, ob sie mit dem Gatten oder dem Geliebten geschieht. Doch was man unter Fährde vollzieht, ist des höheren Reizes gewiß. Was erlaubt ist, schmeckt uns nicht so süß wie verbotene Lust. Alles Verstohlene ist süßer. Als purpurgefärbte Welle beschlich Poseidon die Weiber, als Goldregen, als Stier oder Schlange oder unter anderen Vermummungen Zeus; und Dionysos, Apollo und Herakles sind im Ehebruch gezeugte Götter. Auch Hera sah es gern, wie Homer berichtet, daß Zeus sich in Heimlichkeit zu ihr schlich, einem Liebhaber gleich, der zu süßem verstohlenem Genusse naht.

Der fünfzigste Brief: An einen schönen Knaben

Ein verzehrend Feuer ist ein schöner Knabe, der Grausamkeit zeigt; ist er aber gütig, gleicht er dem Licht. Versenge daher nicht, sondern suche zu erhalten und lasse in deinem Herzen des Mitleidens Altar thronen. Als vergängliche Gabe nimm einen getreuen Freund an und komme Chronos zuvor, der aller Schönheit Verderber ist, wie ein Volksfreund der Macht der Gewaltherrscher. O, wie fürchte ich, – laß es mich offen gestehen – du möchtest zaudern, bis der sprossende Bart dich überrascht und deines Antlitzes Schönheit so überschattet, wie Wolken, die sich um die Sonne ballen. Oder ist, was ich als künftig befürchte, schon da? Dein Bart beginnt zu sprossen, die Wangen bedeckt ein Flaum und das ganze Gesicht beschattet sich bläulich. Ach, während wir zauderten, sind wir älter geworden, du, weil, du dich mir nicht ergeben wolltest, ich, weil ich es immer verschob, dich zu bitten. Bei Eros beschwöre ich dich, laß mich der Liebe genießen, ehe der Frühling verblüht und uns der Winter durchkältet!

Der einundfünfzigste Brief: An ein Mädchen

Wenn er erhört wird, hat ein Buhle sich mit Freude und großer Fährde seine Bitte erkauft, mit Schmerz aber, bleibt er unerhört. Ist er glücklich, hat er von den Gesetzen alles zu fürchten, ist er es nicht, hat Eros nur Kummer für ihn. Doch ist's besser, glücklich zu sein im Bann der Gefahr, als unglücklich und trauervoll.

Der zweiundfünfzigste Brief: An einen schönen Knaben

Lobenswert ist es, daß du die Zeit gleichsam täuschst und dir die Haare am Kinn auszupfst. Doch was die Natur zu often Malen schwinden läßt, heißt die Kunst bleiben. Und angenehm ist's, wiederzuerhalten, was man verloren hat. So horch denn auf meinen Rat. Lasse das Haupthaar üppig wuchern und pflege deine Lokken, auf daß sie sich sanft die Wangen herabschmeicheln (wenn man will, kann man ja leichtlich sie wieder entfernen); laß sie auch die Schultern umspielen, so wie es Homer von den Euboeern schildert, deren Haar auf den Rücken herabwallt. Ein Haupt voll schöner Lokken ist lieblicher denn der Athene Baum. Wäre die Burg von Athen dieser Zierde bar, würde sie nicht so schön sein. Dein Kinn aber sei glatt und nichts, nicht Wolken, nicht schwärzliche Schatten, mögen seinen Glanz umfloren! Denn wie geschlossene Augen kein reizender Anblick sind, so auch nicht eines Jünglings behaartes Kinn. So suche denn längere Dauer deiner Schöne zu verleihen mit Salben und dünnen Schermessern, mit den Fingerspitzen oder mit Seifen und Kräutern, alsdann wirst du den Göttern ähnlicher sein, welchen ein Altern fremd ist.

Der dreiundfünfzigste Brief: An ein Mädchen

Gestern, als ich die Augen schloß, so wie Schläfrigen die Augen zuzufallen pflegen, wähnte ich, lange Stunden wären darüber hingerauscht, und war voll des Zornes auf meine Augen, weil sie soviel Zeit ohne Liebe verloren. Wie habt ihr denn der Liebe vergessen können, o ihr Augen? Warum umwacht ihr nicht immer der Liebsten Bild? Wohin schwand sie? Was geschah indessen mit ihr? Sagt es mir wenigstens. Die Antwort meinte ich zu vernehmen: »wir sind hingegangen, wo wir sie zu sehen hofften und suchten sie, wie wenn sie uns entrissen worden wäre!«

Was soll ich beginnen, wenn du wieder wie im Vorjahre aufs Land hinausziehst und die Stadt für so viele Tage verläßt? Wahrlich werd' ich dann des Todes sein, weil ich nichts Holdes mehr sehe, nichts Liebliches erlausche. Von dir nachgezogen, werden, glaube ich, auch die Götter wie die Städter die Stadt verlassen, denn was sollen sie allein in der Stadt beginnen?

Und wenn sie auch blieben, so bliebe doch ich nicht, weil mich die Liebe dir folgen heißt. Wenn ich auch graben sollte, mit Freude würd' ich nach dem Spaten greifen. Müßte ich im Weinberge abblättern, so wollte ich getreulich der Reben warten. Hieße man mich das Gemüse wässern, ich zöge voller Lust Gräben, um dem Wasser seinen Lauf zu erleichtern. Doch welcher Fluß wäre so blind, daß er dein Landgut nicht gern umspülen möchte? Der Landbeschäftigungen nur eine lehne ich ab: lasse mich nicht melken; denn nur deine Brüste umschließe ich voll der Lust.

Der vierundfünfzigste Brief: An einen schönen Knaben

Was zeigst Du mir deinen sprossenden Bart, o mein Knabe? Deiner Schöne ward kein Ende, nein, wahrlich beginnt sie erst. Wie auf Flügeln ist deine Jugendblüte dahingeschwunden, wie eine flüchtige Feuerflamme erloschen, das Beständige und Währende aber bleibt. Wahre Schönheit zernagt nicht die Zeit, sondern zeigt sie in ihrem strahlenden Glanze, beneidet sie nicht, sondern bezeugt sie. Homer, der Dichter, welcher, was schön ist, sah und schilderte, hielt den Knaben mit sprossendem Barte für den reizendsten. Nimmer würde er das gesagt haben, wenn er nicht selber einen Liebsten mit keimendem Barte geliebt und geküßt hätte. Ehe er auf deinen Wangen sproßte, hattest du eines Mädchens zarte, weiche und runde Wangen, jetzt aber sind sie männlicher und vollkommener. Oder möchtest du einem Verschnittenen gleichen, deren Kinn glatt und den Steinen gleich hart ist, wo doch die Verschnittenen selber sich ihres Mangels an Bart mehr schämen, als des anderen Mangels, da man jenen mit Augen erschaut, nicht jedoch diesen.

Der fünfundfünfzigste Brief: An ein Mädchen

Wer, o meine Schöne, hat dir die Haare abgeschnitten? Welcher Narr, welcher Barbar wütete also gegen der Aphrodite Geschenk? Selbst die grünende Erde gewährt keinen so reizenden Anblick wie ein Mädchen mit üppigem Lockenkranz. O der frevelnden Hand! Kein Feind hätte dich Schlimmeres erleiden lassen. Nicht einmal der niedrigsten Sklavin würde ich die Haare abschneiden, aus Ehrfurcht vor der Schönheit, die zu zerstören der Grausamkeiten schlimmste ist. Doch da das Unheil einmal begangen ist, zeige mir wenigstens, wo sie aufbewahrt werden, auf daß ich sie, mich mit deinem Feinde vergleichend, sie erhalten und, sind sie auch fortgeworfen, küssen kann. O ihr Flügel des Eros! O ihr Erstlingsopfer des Hauptes! O ihr süßen Überbleibsel der Schönheit!

Der sechsundfünfzigste Brief: An ebendieselbe

Was ich an dir mehr loben soll, weiß ich nicht: Dein Haupt? Doch da sind ja die Augen! Die Augensterne also? Aber die Wangen wollen auch gelobt sein. Die Wangen denn? Nun reizen mich deine Lippen und entzünden mich zu Liebe, geschlossen, um ihrer Schöne willen, geöffnet, weil sie süße Wohlgerüche hauchen. Stehst du gar hüllenlos wie Aphrodite auf dem Idaberge da, dann trinken meine beseligten Augen tausend bisher verborgene Schönheiten. O Phidias, o Lysippos, o Polykletos, warum seid ihr jetzt nicht mehr unter uns. Keine andere Schönheit würdet ihr nachgebildet haben denn diese herrliche. Schön ist deine Hand, erhaben deine vollen Brüste, kostbar des Leibes Ebenmaß, alles übrige zu schildern, bin ich der Worte bedürftig. Auch über dich hätte Priamos' Sohn als Richter sitzen dürfen, du konntest es ruhig wagen. Ach, dürfte ich über dich richten! Weh, dann wüßte ich wahrlich nicht, welchem Teile ich den Kranz reichen sollte. Soll ich den loben? Doch auch der ist schön. Soll ich jene preisen? Dann aber ziehen mich diese wieder an. Laß mich dich umfangen, und ich will entscheiden.

Der siebenundfünfzigste Brief: An ebendieselbe

Als Paris über der Göttinnen Schönheit entschied, war die Lacedaemonierin nicht zugegen. Wäre sie dagewesen, so hätte er sie, die er begehrte, für die schönste erklärt. Was er bei seinem Urteil falsch gemacht, will ich verbessern. – Seid gelassen, o ihr Göttinnen, und streitet nicht, wer die Schönste ist! Seht, ich halte den goldenen Apfel. Nimm du ihn, o meine Schönste. Du überstrahlst, die da göttlich sind. Lies, was auf dem Apfel eingegraben steht. Doch hier ist noch ein anderer Apfel mit einem Brieflein. Jener ist der Erisapfel, dieser der Erosapfel. Jener war stumm, dieser soll zu dir sprechen. Wirf ihn nicht fort, iß ihn nicht; denn selbst im Kriege hört man die Gesandten willig an. Und was hab' ich ihn geheißen? Selber wird er's dir sagen: »Euippe, dich liebe ich!« Sobald du ihn gelesen hast, unterschreibe ihn. Wie wird der Apfel sich deiner Schriftzüge freuen!

Der achtundfünfzigste Brief: An ebendieselbe

Lasse die Sandalen fort und verbirg deine Füße nicht in ein falsches, trügerisches Leder, dessen Schönheit durch Farbe vorgetäuscht wird. Wolltest du sie in weißes Leder hüllen, so tätest du der Weiße deiner Füße Eintrag: man würde sie nicht von ihm unterscheiden können. Greifst du nach schwarzem Leder, so gibst du ihnen ein trauriges Aussehn. Nach rotem, so möchte man fürchten, es fließe Blut an deinen Füßen herab. Ach, wärest du doch aller Hüllen ledig! Herrlicher würdest du sein, wenn unser Auge all deine Schönheit sähe. Doch bekleide dich immerhin und nimm für alles eine schickliche Hülle, nur deine Füße lasse bloß, wie man Hals und Wangen, die Haare und Augen unbedeckt läßt. Wo die Natur etwas vernachlässigt hat, muß die Kunst ihr hilfreich sein und den Fehler verbergen. Wenn die Schönheit aber in ihrem Stolz einherschreiten kann, so bedarf sie nimmer der Hilfe der Kunst. Baue mehr auf deine Schöne und sei gewiß, daß du deine Füße zeigen darfst. Das Feuer wird ihnen kein Leid tun, nicht das Meer. Möchtest du einen Fluß überschreiten, so wird das Wasser unter deinen Füßen stehen bleiben; willst du über zackige Felsen hinweg, wirst du wie auf weichen Wiesen über sie gehen. Der, welcher die Herrlichkeiten der Schönheit kennt und preist, Homer, nannte Thetis die Silberfüßige. Also malen auch die Maler die dem Meere entsteigende Aphrodite, also auch des Leucippos Töchter. Strecke sie jedem hin, der sie küssen möchte; nicht einmal mit Gold darfst du sie umgeben. Jede Art Fesseln sind mir verhaßt; auch wenn sie kostbar sind, bilden sie eine Strafe. Ist's denn ein Unterschied, ob man mit Gold, ob mit Eisen gefesselt ist? Außer etwa dem, daß der Anblick des Goldes Vergnügen bereitet. Darum tue deinen Füßen nicht wehe, o du meine Allerschönste, und verhülle nicht, was der neidischen Hülle nicht bedarf! Gleite sacht über die Erde hin, doch drücke einige Fußtapfen in sie ein, auf daß sie deiner Füße sich erfreue.

Der neunundfünfzigste Brief: An eine Hetäre

Was andere an dir zu tadeln finden, daß du rücksichtslos, stolz und allzu willfährig seist, erscheint mir lobenswert an dir. Pferde bewundern wir ja auch, die sich selber antreiben, und den Löwen, der stolzen Wesens ist, und die Vögel, die den Kopf himmelwärts strecken. Daher soll man nicht für ungewöhnlich halten, was du tust, wenn du, ein schönes Weib, viele an Schönheit überragend, stolz und erhabenen Schrittes einherschreitest. Gibt es eine Burg der Schönheit, so übertrifft sie die des Königs an Herrlichkeit, und wie wir die lieben, fürchten wir jene. Für deine Liebe lässest du dir lohnen; auch Danae nahm Gold, und Kränze nimmst du entgegen wie die jungfräuliche Artemis. Nicht nur den Städtern gibst du dich preis, Helena gab sich gar den Hirten. Ohne Zaudern überlässest du dich den Zitherspielern. Warum solltest du auch nicht, des Apollo gedenkend? Die Flötenspieler weisest du nicht ab, denn heilig ist ihre Kunst den Musen, und die Sklaven nicht, auf daß sie sich bei dir wenigstens der Freiheit freuen. Auch schämst du dich Aphrodites nicht bei Jägern und Weidleuten (beglückte doch sie den jagenden Adonis) und bei Schiffern, die bald wieder fern sind; ja war Jason denn zu verachten, der sich als Erster aufs hohe Meer wagte? Noch deren Liebe verschmähst du, die um Soldes willen Kriegsdienste tun; auch den Armen darfst du dich nicht verweigern, denn auf sie hören die Himmlischen. Ehre das Alter, denn es ist's wert; belehre die Jünglinge, die Anfänger in der Liebe sind; halte den Fremdling, der da forteilen will, auf. Also taten Timagora, Lais und Aristagora und des Menader Glycerion, in deren lieblichen Spuren du einhergehst. Die Künste und Reize des Genusses sind dir vertraut und du richtest deine Geschicklichkeit klug nach dem angemessenen Preise. Kein Feuer brennt so heiß wie dein Atem und keine Flöte ist lieblicher anzuhören denn deine volltönende Stimme.

Der sechzigste Brief: An einen Lustknaben

Du verkaufst dich selber, das tut jeglicher, der um Verdienstes willen front; jedem überläßt du dich, der dich bezahlt. So wie ein Schiffsmann dem mit seinem Schiffe dient, welcher ihm Geld bietet. Wie die Flüsse trinken wir auch dich, atmen deinen Duft frei wie der Rose Duft ein. Du gefällst den Leuten, weil du nackt dastehst und der Begierde preisgibst, was nur der Schönheit zu eigen ist, und jedweder vermag sich von deiner Schöne zu überzeugen. Sich jedem Urteile aussetzen dürfen, heißt untadelig schön sein. Schäme dich deines leichten Preisgebens nicht, sondern rühme dich, daß du jedem zu Willen bist. Das Wasser gehört allen und niemand ist des Feuers alleiniger Besitzer. Und allen blinken die Sterne und allen ist die Sonne köstlichster Besitz. Dein Haus ist der Schönheit Feste, die in sie eingehen, ihre Priester; und die Bekränzten ihre Götter, das gespendete Geld aber der Opferer Tribut. Herrsche noch lange mit Lust, nimm Opfer entgegen und lasse dich als der Götter einen verehren.

Der einundsechzigste Brief: An ein Mädchen

Nicht einmal dir schreiben dürfen, soll ein Verbannter? So erlaube es wenigstens dem Liebenden, oder verbiete ihm auch das Atmen, das Weinen und alles, was der Natur gemäß ist. Verbanne mich nicht von deinen Türen, wie mich das Schicksal aus dem Vaterlande vertrieb; wirf mir auch nicht ein Geschehen des Zufalles vor, denn wer vermag etwas wider sein Schicksal.

Schuldlos wurden Aristides, der freilich wieder zurückgerufen ward, und Xenophon verbannt. Auch Themistokles mußte fliehen, der selbst von den Barbaren hochgeachtet wurde, und Alcibiades, welcher bei Athen eine Feste aufführen ließ, und gar Demosthenes als der Mißgunst Opfer. So weicht auch das Meer vor der aufsteigenden Sonne und die Sonne, wenn die Nacht hereinbricht. Der Herbst flieht vor dem sich nahenden Winter, und der Winter macht sich von hinnen, wenn ihn der Frühling verfolgt. Kurz, die folgende Jahreszeit vertreibt immer die scheidende. Obdach aber gewährten die von Athen der flüchtenden Demeter und dem Dionysos, als er seinen Wohnsitz änderte, und den umherirrenden Heraklessprossen. Damals, als sie dem Mitleid als der dreizehnten Gottheit einen Altar errichteten und ihm nicht mit Wein und Milch, nein mit Tränen und Scheu vor den Hilfeheischenden opferten.

Errichte auch du einen Altar im Herzen und erbarme

dich eines Unglücklichen, auf daß ich kein zweifach Verbannter bin, einmal des Vaterlandes ledig und nun deiner Liebe bar. Wenn du barmherzig bist, wird mir ein Vaterland.

Der zweiundsechzigste Brief: An einen schönen Knaben

Welchen Namen ich deiner Keuschheit geben soll, auf die du so stolz bist, weiß ich nicht. Soll ich sie Wildheit nennen, die den Naturgesetzen Trotz beut? Oder Philosophie, die nur nach außen hin Wildheit zeigt? Oder selbstgefällige Furcht vor Lust, oder übermütige Verachtung der köstlichen Lebensgenüsse? Wie dem aber auch sein mag, was die Weisen auch darüber denken mögen, dem Anschein nach ist deine Keuschheit edel und lobenswert, in Wirklichkeit jedoch unmenschlich. Ist es ein Großes, aus Züchtigkeit tot zu sein, ehe man wahrhaft stirbt? Nach der Keuschheit Kränzen zu streben, bevor man verblüht ist? Sich mit duftendem Öle zu salben, ehe man fault, und sich neue Freunde zu erringen, bevor man von alten verlassen wurde? Ist es denn schön, der ewigen Nacht zuvorzukommen, ehe man in Liebesnächten gelebt? Zu trinken, bevor einen dürstet, zu essen, ehe man Hunger verspürt? Welchen Tag hältst du für den deinigen? Den gestrigen? Der ist verblichen. Den heutigen? Er blüht ja noch auf. Den kommenden? Weißt du denn, ob du ihn schauen wirst? So wie wir Menschen alle, kannst du ihn nur erwünschen.

Der dreiundsechzigste Brief: An ein Mädchen

Die Wolke über deinen Augensternen solltest du vertreiben, auf daß keine Finsternis auf deiner Schöne lastet. Denn wie unter den Horen die, welche da heiter schauen und lächeln, die schönsten sind, strahlt auf schönem Antlitze, auf dem Ruhe wie Meeresstille lagert, Vergnügen wie auf einem Spiegel. Blickst du nicht düster drein, wird man dich den schönsten Stern heißen, der selbst bei Tagesglanz lieblich blinkt. Ist das Pindars Wort, so ist's auch ein Pindarscher Gedanke, daß der Strahl, der aus deinen Augen bricht, meinen Gesetze gibt.

Der vierundsechzigste Brief: An ein Mädchen

Sappho liebte die Rose und gedenkt ihrer immer lobend, wenn sie schöne Mädchen mit ihr vergleicht. Ja, mit der Charitinnen nackten Armen vergleicht sie die Rose. Doch wenn sie die schönste Blume auch ist, ist sie zugleich die vergänglichste. Nur im Frühling blüht sie, wie auch Menschen nur in ihrer Jugend Frühling blühen. Deine Schöne aber wird nimmer welken; sie lacht aus deinen Augen und auf deinen Wangen, und ihr Herbst wird noch ewiger Frühling sein.

Der fünfundsechzigste Brief: Ohne Überschrift

Lieben ist keine Krankheit, sondern nicht lieben. Denn wenn Lieben vom Sehen ausgeht, so sind, die da nicht lieben, mit Blindheit geschlagen.

Alkiphron

Briefe von Verliebten und Hetären, Zuhältern, Schmarotzern und zänkischem Ehevolk

Phryne an Praxiteles

. . . Fürchte nichts; du hast ein vollendet schönes Werk geschaffen, wie wirklich noch niemand ein von Menschenhänden gearbeitetes gesehen hat: deiner Geliebten Bild, das du im Haine aufstelltest. Stehe ich doch mitten zwischen deiner Aphrodite und deinem Eros. Neide mir diese Ehre nicht; denn die mich anschauen, preisen den Praxiteles, und nur weil deine Kunst mich schuf, würdigten mich die Thespier, mitten zwischen den Göttern zu stehen. Eines nur fehlt noch, um dein Geschenk köstlich zu machen: komme zu mir, daß wir uns im Haine zur Liebe lagern. Die Götter werden wir wahrlich nicht entweihen, die wir uns selber schufen. Lebe wohl.

Ohne Überschrift als Bruchstück

. . . hatte uns alle auf ihres Liebsten Landgut eingeladen, weil sie nach ihren Worten den Nymphen Opfer schuldete. Das liegt zwanzig Stadien vor der Stadt; neben dem Landhause erstreckt sich ein kleines Saatfeld, in Hauptsache besteht es aber aus einer Wiese oder einem Garten, das übrige ist ein Zypressen- und Myrthenbuschwerk, denn, o Freundin, der Besitz gehört einem Lebemann und keinem Bauern.

Gleich auf dem Hinwege trieben wir unsere Scherze; bald zogen wir uns, bald unsere Liebhaber auf, bald wurden wir von den Vorübergehenden aufgezwickt. Nikias, der alte Lustgreis, kam, von woher kann ich nicht sagen, nach Hause und sagte zu uns: »Wohin wollt ihr alle mitsammen? Wessen Landgut gedenkt ihr heute durch die Kehle zu jagen? Selig ist der Ort, wohin ihr zieht, ob der vielen Feigen, die es dort geben wird!« Da kam er bei Petale gerade an die Rechte, so wilden Hohn sprühte sie auf ihn nieder, daß er sich dünn machte; er spie vor uns aus, nannte uns ungewaschene Luder und verduftete. Wir aber brachen Rotdorn und junge Zweige, pflückten Anemonen und waren auf einmal da; über das Scherzen hatten wir den Weg rascher als wir geglaubt hätten hinter uns gebracht.

Schnell machten wir uns ans Opfern. Nicht weit von dem kleinen Landhause liegt ein Fels, dessen Gipfel von Lorbeerbüschen und Platanen beschattet wird, an den Seiten umgibt ihn ein Myrthendickicht und, wie ihn umarmend, umschlingt ihn Efeu, der sich ganz dicht an den Stein schmiegt. Lauteres Naß rieselte von ihm herunter. Unter dem überhängenden Felsblock waren einige Nymphen aufgestellt, und, wie wenn er sie belauschte, beugte sich ein Pan zu ihnen herab. Ohne Vorbereitung errichteten wir gegenüber einen Altar, legten Holzstücke und Opferbrote darauf und schlachteten eine weiße Henne, sprengten Honigtrank, verbrannten Weihrauch in der Flamme und beteten andachtsvoll zu den Nymphen, mehr, jedenfalls aber nicht minder, zu Aphrodite, sie möchte uns gnädiglich eine Liebesbeute bescheren.

Schließlich hatten wir Lust auf ein ordentliches Mahl bekommen. »Gehen wir ins Haus«, hub Melissa an, »und lagern wir uns um die Tische!« »Bei den Nymphen und dem Pane, nein«, rief ich, »schau doch, wie lüstern er ist, gern möchte er uns hier berauscht sehen. Siehe doch, wie tauig der Platz rings unter den Myrthenbüschen ist und wie bunt von frohesten Blumen. Lieber als drinnen auf Teppichen und weichen Pfühlen möchte ich mich hier im Grase lang ausstrecken. Beim Zeus, solch ein Gelage, bei dem des Landes Freuden unter freiem Himmel genossen werden, gilt mehr als eines in der Stadt drinnen!« »Wahrlich, du hast recht!« riefen alle.

Schnell nun rissen wir Eiben- und Myrthenzweige ab, legten die Mäntel auf den Boden und bereiteten uns ein Lager. Die Erde aber war weich von Lotos und Klee, in der Mitte erfreuten einige Hyazinthen und bunte Blumen das Auge. Im jungen Laube sitzend sangen süß und beredt die Nachtigallen. Von dem feucht schwitzenden Felsen rieselten leise die Tropfen herab und gaben so einen weichen Ton, der gut zu dem Frühlingsgelage paßte. Was den Wein anlangte, so tranken wir keinen hiesigen, sondern italienischen, von der sehr süßen und ausgiebigen Sorte, von der du, wie du mir sagtest, sechs Krüge in Eleusis erstanden hast, schmausten Eierspeisen, die wie Hinterbacken bibberten, und Stücke von einem zarten Zicklein und Haushennen. Dann gab's allerlei Milchspeisen, teils mit Honig vermischt, teils in Öl gebacken – ich glaube, man nennt sie Lebkuchen und Strauben – wie sie zur Frühlingszeit das Land zum besten gibt. Darauf kreisten fortwährend die Becher, aber es gab keine Trinkvorschriften außer drei »Gesundheiten«.

Gewöhnlich wird ja bei Gelagen, wo kein Trinkzwang herrscht, durch fortwährendes Nippen mehr Wein getrunken; so wurden wir denn angeheitert durch die andauernd sich folgenden kleinen Schlucke.

Krumation, die megarische Flötenspielerin, war anwesend, und Symmicha sang, von ihr begleitet, Liebeslieder. Die Nymphen am Quell hatten ihre Freude. Als aber Plangon aufstand, uns durch Tanz und Pantomime berückte und ihre Hüften spielen ließ, da hätte nicht viel gefehlt, und Pan wäre vom Fels herab ihr auf die Hinterbacken gesprungen. Die Musik regte uns auf, dazu waren wir vom Weine erhitzt; du kennst ja das: wir streichelten die Hände unserer Liebhaber, indem wir die Finger in den Gelenken sanft nachgeben machten, und scherzten beim Zechen. Und eine küßte sich rücklings werfend und ließ sich an die Brüste greifen, und wie wenn sie sich bloß wegwende, streifte sie die Scham des Mannes mit dem unter den Hüften Folgenden.

Schon machte sich bei uns Weibern die Begierde bemerkbar, und ebenso bei den Männern. Wir schlugen uns seitwärts und fanden nicht sehr fern ein schattiges Gebüsch, ein für unsere Ausgelassenheit passendes Hochzeitskämmerlein. Hier verpusteten wir uns ein bißchen vom Trinken und sprangen mit unglaublichem Eifer in die Schlafgemächer hinein. Die eine wand Myrthenzweige zu einem Kranz und fragte: »Liebchen, schaue doch, ob er mir steht?«, eine andere brachte Veilchen und sagte: »Wie köstlich die duften!« Eine dritte holte unreife Äpfel aus dem Busenbausch und zeigte sie herum: »Seht doch das!« Eine zwitscherte, die riß Blätter von den Zweigen und zernagte sie, wie wenn sie die Zähne reinigen wollte. Und das war sehr komisch, denn alle waren zu demselben Zwecke fortgegangen und jede tat so, als ob sie die Absicht der anderen nicht verstände. Dann schlichen uns von der anderen Seite her die Männer ins Dickicht nach.

Nachdem wir so dazwischen ein bißchen der Liebe genossen hatten, hub das Zechen wieder an. Jetzt aber schienen die Nymphen nicht mehr wie vordem nach uns zu blicken, sondern lieber der Pan und der Priapos. Dann gab es wieder zu essen: kleine Vögelchen, die man in Schlingen fängt, und Rebhühner, in Most eingekochte übersüße Trauben und Hasenrücken. Des weiteren zweischalige Muscheln, Meerschnecken mit gewundenen Häusern, die man aus der Stadt hergebracht hatte, und Landschnecken, Pilze, die unter den

Erdbeerbäumen wachsen, und die magenstärkenden Wurzeln der Rapunzel mit Essig und Honig angemacht. Zum Schluß aber, was wir am liebsten aßen, Lattich und Sellerie. Was glaubst du wohl, welch riesige Lattichstauden es da gab! Der Gemüsegarten war ganz nahe. »Zieh die heraus«, »beim Zeus, mir die da«, »nein, nicht die, sondern jene da!« befahlen wir den Dienerinnen. Die einen waren blätterreich und hochaufgeschossen, die anderen kraus und lockenähnlich, aber kurz und hatten gelbliche Blätter, die sollen, wie es heißt, selbst Aphrodite köstlich munden. Nachdem wir unseren Mägen mit den Frühlingsgemüsen wieder aufgeholfen hatten, tranken wir so ausgelassen, daß wir der Scham entsagten und uns nicht mehr mit verstohlenem Liebesraube begnügten: in solchen Rausch versetzte uns das ofte Zutrinken. Ich hasse den Hahn aus der Nachbarschaft, mit seinem Krähen verscheuchte er die Weinseligkeit.

Du sollst dieses Fest, das üppig und einer verliebten Bande würdig war, wenigstens in der Erzählung mitgenießen, da du bei dem Zechen nicht zugegen sein konntest. Ich wollte alles ganz ausführlich schildern und das machte mir viel Spaß. Wenn du wirklich krank warst, so mach, daß es dir bald wieder besser geht. Wenn du aber zu Hause hockst, weil du deinen Liebsten erwartest, so war's unrecht von dir, zu Hause zu bleiben. Lebe wohl.

Glycera an Bacchis

Menander hat sich entschlossen, nach Korinth zu reisen, um den isthmischen Spielen beizuwohnen. Meinen Beifall hat die Absicht freilich nicht. Du weißt ja, was es bedeutet, solch zärtlichen Liebhaber auch nur für kurze Zeit zu entbehren. Aber ich hab' ja kein Recht, ihm abzuraten, da öfteres Reisen nicht eben seine Gewohnheit ist. Soll ich ihn nun bei seinem dortigen Aufenthalt an dich empfehlen, oder soll ich's nicht tun, ich weiß es nicht recht? Er möchte sich nämlich deine Gewogenheit erwerben. Das würde mir sicherlich von deiner Seite eine kleine Eifersucht einbringen, obwohl ich unserer gegenseitigen festen Freundschaft versichert bin. Doch bin ich nicht so sehr deinetwegen, ist deine Denkweise ja edler als dein Beruf, sondern um Menanders willen in Unruhe. Er ist nämlich toll verliebter Natur, und einer Bacchis gegenüber würde selbst der eisigste Mann zu Glut werden. Wenn er auch vorgibt, diese Reise weniger, um mit dir bekannt zu werden, als um der Isthmien willen zu unternehmen, so bin ich doch nicht ganz überzeugt davon. – Mißbilligst du etwa meinen Argwohn? Vergib diese Eifersucht, mein Liebchen, da sie uns Mädchen nun einmal zu eigen ist. Es ist kein Geringes für mich, einen Liebsten gleich Menander los zu werden. Und sollte sich das Verhältnis zwischen ihm und mir gar etwas abkühlen oder ein Zank zwischen uns entstehen, so müßt' ich es vollends mir bieten lassen, von der Bühne herunter von einem Chremes oder Diphylos Anzüglichkeiten zu hören. Unendlichen Dank werd' ich dir wissen, wenn er so, wie er fortgegangen ist, in meine Arme zurückkehrt. Lebe wohl.

Bacchis an Hyperides

Wir Hetären insgesamt sind dir zu Dankbarkeit verpflichtet, und nicht eine einzige in geringerem Maße als Phryne. Zwar ging Phryne allein der üble Rechtsstreit an, den ihr der Lump, der Euthias, aufgesackt hatte; die Gefahr aber wendete sich wider uns alle. Denn wenn wir unsere Liebsten vergebens um Geld angehen und, sobald wir unsere Gunst freigebigeren Liebhabern zuwenden, wegen Religionsfrevels angeklagt werden sollen, o, dann täten wir wahrlich gut daran, von unserem Lebenswandel zu lassen und weder uns noch andere wegen des Umgangs mit uns Verdrießlichkeiten auszusetzen. Nun aber dürfen wir wirklich aufhören, über unser horizontales Gewerbe zu murren, weil Euthias sich als Schuft bewiesen hat, es muß uns im Gegenteil zukünftig doppelt reizvoll sein, weil ein Hyperides uns wohlgesinnt ist. Möge dir deine Menschenfreundlichkeit fortan viel Glück bringen! Eine Freundin, die deiner wert ist, hast du dir gerettet, und uns um ihretwillen im voraus zu den dankbarlichsten Gefälligkeiten verpflichtet. Würdest du deine Rede zu Phrynes Schutz gar noch schriftlich niederlegen und veröffentlichen, dann würden wir Hetären dir, wo immer du es in Hellas wünschen möchtest, wahrlich eine goldene Bildsäule errichten.

Bacchis an Phryne

Nicht so groß war, liebste Freundin, der Anteil, den ich an deiner Gefahr nahm, als der, den ich nun der Freude gegenüber bezeige, daß du von einem ruppigen Liebhaber losgekommen bist und an Hyperides einen aufrichtigen und prächtigen Liebsten gefunden hast. Die Anklage, das ist meine feste Überzeugung, hat sich für dich zu deinem Besten gekehrt. Nicht nur in Athen, nein, in ganz Griechenland hat dieser Prozeß dich bekannt gemacht. Daß du ihm den Laufpaß gegeben hast, wird den Euthias sattsam bestrafen, denn wie mir scheint, hat er nur aus natürlicher Unbesonnenheit, nur im Zorn das erlaubte Maß verliebter Eifersucht überschritten.

Augenblicklich, das glaube mir, liebt er dich hitziger als selbst Hyperides. Letzterer heischt jetzt sicherlich in Anbetracht seiner Verteidigung mit Handschuhen angefaßt und hofiert zu werden, jenen aber entfacht der widrige Ausgang seines Prozesses zu noch glühenderer Liebe. Rechne also damit, daß er reuig wiederkommt, mit Bitten und Flehen und vielem Gold.

Aber, o liebste Freundin, vergib hierbei unserem Hetärenstande in nichts, lasse dich ja nicht durch Euthias' Flehenssprache klein kriegen, damit man nicht annehmen möge, Hyperides habe einer schlechten Sache das Wort geredet. Glaube nur ja nicht, wenn man dir sagt, er würde nichts ausgerichtet haben, wenn du nicht zur rechten Zeit das Kleid aufgerissen und den Richtern deine entblößten Brüste gezeigt hättest. Denn gerade seine Verteidigung machte es möglich, daß du diesen Trumpf im rechten Augenblicke ausspielen konntest.

Bacchis an Myrrhina

Möchtest du doch, bei der allherrschenden Aphrodite, nimmer eines feineren Liebsten teilhaftig werden, sondern mit Euthias, in den du jetzt so vernarrt bist, dein ganzes langes Leben leben! Mädchen, die Torheit, die dich auf den blöden Kerl verfallen ließ, ist dein Unglück; freilich vertraust du vielleicht auf deine Schönheit, denn klar wie Kloßbrühe ist's, daß, wer eine Phryne sitzen ließ, an Myrrhina viel besser handeln wird! Wie mir scheint, willst du den Hyperides aufzwicken, weil er dich jetzt etwas kaltschnauzig behandelt. Er hat eine Geliebte, die seiner wert ist, und du hast den Liebhaber, der dir gebührt. Bitte ihn nur immer um Geld, und gleich wirst du erfahren, daß du Schiffswerften angesteckt oder Gesetze verletzt hast. – Die Wahrheit zu sagen, uns allen, die wir die gütige und menschenfreundliche Aphrodite verehren, bist du zuwider.

Thais an Thettala

Nimmer hätt' ich es für möglich gehalten, daß ich mich mit Euxippe nach einer so vertrauten, langen Freundschaft entzweien würde! Ich habe keine Lust, ihr die verschiedenen Gelegenheiten wieder unter die Nase zu reiben, bei denen ich ihr nach ihrer Ankunft von Samos mit Rat und Tat Beistand leistete. Habe ich nicht dem jungen Pamphilos einen Tritt gegeben bloß, weil er sich schon an sie herangemacht zu haben schien, und du weißt ja, wie splendide er mir gegenüber war. So also lohnt sie mir meine Gefälligkeit und sucht sich damit bei der verwünschten Megara lieb Kind zu machen! Auf die hatte ich nun schon Stratos wegen längst Verdacht, aber ich hätte nie vermutet, daß Euxippe mich durch die Zähne ziehen würde.

Man beging das Ceresfest, und bei der Nachtfeier waren wir wie üblich alle zugegen. Da konnte ich mich über Euxippes Benehmen nicht genug wundern. Ihr höhnisches Gelächter mit Megara und all ihr Spott bewiesen mir schon ihre Feindseligkeit; dann sang sie noch ganz öffentlich Lieder auf meinen Liebsten, der mir untreu geworden ist. Darüber ließ ich mir aber keine grauen Haare wachsen. Nun aber setzte sie aller Unverschämtheit die Krone auf und witzelte über die Schminke und das Lippenrot, das ich auflege. Ihr Geschäft muß nicht gerade florieren, denn sie scheint sich nicht einmal einen Spiegel kaufen zu können. Wenn sie ihren ockergelben Teint darin sähe, würde sie mir meine angebliche Häßlichkeit nicht vorhalten.

Aber daraus mache ich mir ja gar nichts. Ich wünsche ja nur meinem Liebhaber, nicht aber Megara oder Euxippe, diesen Affenfratzen, zu gefallen. Nur um deinen Tadel zu vermeiden, hab' ich dir all das mitgeteilt. Kein bissiger Spott, keine Schimpfereien, nein, Hiebe, die weit besser sitzen sollen, werden mich rächen. Nemesis, hilf mir wider sie!

Thais an Euthydemos

Seitdem es dir eingefallen ist, dich der Philosophie zu widmen, bist du ein ehrwürdiges Männchen, das die Augenbrauen bis über den Scheitel hinauf zieht. Ehrfurchtheischend, Bücher unter dem Arme tragend, stiefelst du in die Akademie an meinem Hause vorbei, wie wenn du's mit keinem Auge je angeschaut hättest. Welche Narrheit, o mein liebster Euthydemos! Weißt du nicht, was jener finstere Sophiste mit seinen Salbadereien, die euch so den Kopf verrücken, für ein feines Herrchen ist? Wie lange glaubst du wohl, daß er mich schon mit seinen Liebesanträgen anödet? Augenblicklich liegt er in Banden der Herpyllis, der Megara Zofe. Damals hab' ich ihn mit seinem Antrage tüchtig ablaufen lassen, denn was war mir aller Sophisten Gold gegen die Wonne, liebend in deinen Armen zu ruhen? Jetzt aber, jetzt, wo er dich mir anscheinend abspenstig macht, will ich ihn erhören. Ist's dir recht, gut, so will ich dir einmal bei Nacht zeigen, daß diesen hochgelahrten Lehrer und Weiberfeind der Genuß gewöhnlicher Wollüste nicht ersättigen kann. Törichter Junge, seine Reden sind alberne Possen und Stumpfsinn, die darauf abzielen, sich Ansehen und Hörer zu verschaffen. Meinst du denn, es besteht ein großer Unterschied zwischen einer Hure und einem Sophisten? Vielleicht nur der, daß wir uns nicht derselben Mittel befleißigen, um die Leute für uns zu gewinnen; unser Endzweck ist aber der gleiche: nämlich Geld zu machen. Dabei sehen wir weit mehr auf Sitte und Gottesfurcht. Wir verleugnen die Götter nicht, denn wir glauben unseren Liebsten ja, wenn sie uns bei ihnen Treue schwören. Wir fordern von Mannsen keinen widernatürlichen Umgang mit Schwestern und Müttern, ja wir wünschen nicht einmal, daß sie mit anderen Mädchen als uns anbändeln sollen. Wahrlich wissen wir nicht, wie Wolken sich bilden, und kennen auch die Eigenschaften der Atome nicht, aber willst du uns darum den Vorzug vor den Sophisten abstreiten?

Ich selber habe ihren Unterricht genossen und mit verschiedenen dieser Leute der Unterhaltung gepflogen. Wer mit uns Mädchen umgeht, träumt nicht von leeren Hirngespinsten, will den Staat nicht in Aufruhr bringen und die Herrschaft an sich reißen. Der trinkt des Morgens schon seinen Becher, ist um die dritte oder vierte Stunde des Weines voll und ist friedfertigen Gemüts. In der Erziehung des Grünvolks stehen wir ihnen in nichts nach. Ziehe, wenn du's magst, einen Vergleich zwischen der Hetäre Aspasia und dem Sophisten Sokrates und überlege, wer von ihnen bessere Erziehungsresultate erzielte. Finden wirst du, daß ihr Schüler Perikles, Kritias aber sein Schüler ist.

Laß ab von dieser Narrheit und diesem unfreundlichen Betragen, o geliebter Euthydemos, so schöne Augen wie deine sollen nicht finster dreinschauen. Komm, besuche deine Liebste wie ehedem, da du heiß aus dem Lyzeum kamst und dir in einemfort den Schweiß abwischen mußtest. Dann vom Weine berauscht, wollen wir uns gegenseitig die reizende Wahrheit beweisen, daß Wollust der Dinge Endzweck ist. Meine Stärke in der philosophischen Wissenschaft wird dir dann, das glaube mir, klärlich einleuchten. Die Gottheit gewährt unserem Sein nur wenige Augenblicke des Lebens, vertändele sie nicht mit Rätsellösen und mit läppischen Dingen!

Simalion an Petala

Wenn es dir Freude machen und dir einigen Ruhm bei deinen Verehrern eintragen kann, daß ich zu often Malen unter deiner Türe stehe und meinen Klagen bei den Dienerinnen freien Lauf lasse, die man an glücklichere Liebhaber schickt, will ich deinen Stolz gegen mich nicht als unbillig tadeln.

Daß mein Tun fruchtlos bleibt, weiß ich wohl; doch glaube mir, wenige deiner Liebhaber würden, wenn du sie deiner Zärtlichkeit beraubtest, sich trostloser als ich bezeigen. Zwar hoffte ich, daß der Wein, den ich gestern abend in Menge bei Euphronios schlürfte, mich einigermaßen trösten und die nächtliche Qual lindern würde, doch gerade das Gegenteil war der Fall. Meine Liebe lohte nur noch wilder auf, ich weinte und schluchzte bitterlich, und die Wohlgesinnten hatten Mitleid mit mir, den anderen aber war ich lächerlich. Eine karge Linderung, ein Trost, der auch schon seine Süße zu verlieren scheint, bleibt mir noch. Die kleine Gabe ist's, die du dir beim Mahle, als du mich so trauriglich jammern sahst, aus den Locken nahmst als einen Beweis, daß meine Geschenke, die ich dir sandte, dich doch nicht alle verletzt haben.

Nochmals, macht es dir Freude, nun, so freue dich meiner Qual und sprich von ihr zu den Freunden, die im Augenblick glücklicher sind als ich; vielleicht werden sie bald denselben Kummer tragen müssen, wenn sie das gleiche Los trifft.

Möchte es deinen Bitten nur gelingen, Aphrodites

Zorn über diesen Stolz zu besänftigen! Ein anderer würde Schmähungen und Drohungen schreiben, ich aber bettle und demütige mich noch. Böse, o Petala, brenne ich! Und ich bin in Angst, des üblen Beispiels der Unglücklichen gedenkend, die ihre Klagen an allzu grausame Schönen verschwenden.

Petala an Simalion

Das möchte ich wahrlich, daß Hetären von Tränen leben könnten! Gar herrlich könnt' ich dann wirtschaften, denn deinen Tränensack würdest du, das weiß ich ja, tüchtig für mich leeren. Jetzt aber brauchen wir Gold, Gewänder, Schmuck und Sklavinnen, unser ganzer Lebenszuschnitt hängt von diesen Dingen ab. Ich besitze kein Erbgütchen in Myrrhinus, habe keine Silbergrubenanteile, bin auf die kleinen Geschenke und die Freigebigkeit dummer Liebhaber angewiesen, die den Beutel erst unter Jammern und Flennen aufknöpfen.

Ein Jahr ist schon verstrichen, seit ich mit dir mich in Bettelwirtschaft herumplage. Struppig hängen die Haare um den Kopf herum und haben die ganze Zeit über Balsam nicht einmal gesehen. Und meinen Genossinnen recht zur Schande laufe ich in diesen alten tarentinischen Lumpen umher. Wahrlich, ich übertreibe nicht. Und doch glaubst du noch, ich käme auf meine Kosten, wenn ich bei dir herumschlampe?

Du weinst? Glaube mir, Junge, nicht lange! Ohne einen Liebhaber, der mich aushält, müßte ich anstandslos Hungerpfötchen saugen.

Glaubst du denn, ich billige deine Tränen? Allherrschende Aphrodite, du liebst und wünschst bei deiner Liebsten zu liegen und ohne sie könntest du nicht auskommen, sagst du. Gut, mein Freund; habt ihr denn keine Becher zu Hause? Kannst du der Mutter keinen Goldschmuck und dem Vater kein eingegangenes Pinkepink heimlich wegnehmen? Wieviel besser dran ist nicht die Philotis! Mit holderen Augen schauen die Chariten auf sie. Welch forscher Junge ist doch ihr Menekleides, der ihr jeden Tag Geschenke verehrt. Die gelten mehr als Tränen. Ich Unglückswurm habe keinen Liebhaber, nein, einen Leichenbitter, der mir Kränzlein und Rosen spendiert wie dem Grabe eines Jüngferchens und mir versichert, daß er die ganze Nacht über geflennt habe. Kurzum, kannst du mir was Schönes spendieren, so komm, und schenke dir die Tränen, wo nicht, so laß dich mit deinem Kummer begraben, ohne mir damit lästig zu werden.

Myrrhina an Nicippe

Kalt wie eine Hundeschnauze ist Diiphilos gegen mich und hat sich liebestoll an die unflätige Thettala gehängt. Bis zum Adonisfeste stellte er sich noch von Zeit zu Zeit bei mir ein, um in meiner Gesellschaft zu tafeln oder um bei mir zu liegen. Aber schon damals war er hochfahrend und man mußte ihn sanft anfassen. Zudem kam er dann meistens betrunken in Begleitung des Helix, der sich gern die Zeit bei mir vertreibt, da er in die Herpyllis verdonnert ist.

Jetzt aber macht er gar kein Geheimnis mehr daraus, daß er mich gänzlich versetzen will. Vier volle Tage über säuft er nun schon in der Lysis' Garten mit Thettala und dem Haderlumpen Strongilion, der ihn aus einer bestimmten Wut auf mich auf seine neue Liebste gehetzt hat. Meine Schreiben, der Mägde Hin- und Herrennen, alle Versuche solcher Art waren fruchtlos, ja, ich glaube sogar, sie haben ihn noch aufgeblasener gemacht, drum zieht er mich noch mehr durch sein Schandmaul. Als einziges Mittel bleibt mir nur noch, daß ich ihm die Tür vor der Nase zuschlage, wenn er nächstens einmal wieder sich mit mir verlustieren will, und ich ihm schnöde einen Tritt gebe, wenn er es sich beifallen lassen sollte, die Thettala zu versetzen. Verachtung läßt ja den albernen Übermut gewöhnlich zu Kreuze kriechen. Ist aber auch das vergeblich, muß ich wie bei hartnäckigem Leiden zu kräftigeren Heilmitteln greifen. Denn es wäre gar zu bitter, nicht nur das Fett, das ich ihm abzapfe, zu verlieren, sondern auch noch obendrein von der Thettala verlacht zu werden.

Wie du mir erzähltest, besitzt du einen Liebestrank, den du in deiner rasenden Jugend des öfteren erprobt hast. Dergleichen Mittel werde ich nun wohl auch anwenden müssen, um ihm seinen aufgeblasenen Hochmut zu nehmen und ihn von seiner Sauflust zu heilen. In ordentliche Friedensverhandlungen will ich mich mit ihm stürzen und ganz überzeugend ihm etwas vorheulen. Des Himmels Rache würde auf ihn niedersausen, wenn er mir, die ihn also zärtlich liebt, den Laufpaß gäbe und derlei schöne Worte mehr will ich aussinnen und ihm vorlamentieren. Mit geschwollenem Kamme wird der alberne Tropf dann vor mich hintreten und erklären, daß ihn meine hitzige Brunst für ihn erweiche, und es sei ganz billig, daß er sich alter Zeiten und unserer Liebe erinnere. Den Helix will ich zu gleicher Zeit klein kriegen, die Sorge nimmt mir die Herpyllis ab.

Liebestränke sollen zwar oftmals nicht wirken oder traurige Folgen nach sich ziehen. Doch das kümmert mich gar nicht. Möge er entweder für mich leben oder sich für Thettala aus dem Leben scheren.

Menekleides an Euthykles

Bacchis, die schöne, ist verschieden, o mein liebster Euthykles; sie ist verschieden. Nichts als der Tränen Fülle und das Gedenken innigster Liebe, die so süß war und nun so bitter ward, bleibt mir. Nein, nimmer werde ich meine Bacchis vergessen, nimmer wird die Zeit nahen. Wie hingebungsvoll erwiderte sie meine Liebe, man hätte sie wahrlich die lebendige Rechtfertigung des Hetärentums nennen können. Und wenn ihre Zunftgenossinnen ihre Bildsäule in der Aphrodite oder der Chariten Tempel in feierlicher Versammlung errichten wollten, so würde ich ihnen gewißlich zustimmen. Ihr Beispiel erhellt, daß die von jedermann nachgeplapperten Redensarten wie, Hetären wären bösartig und treulos, wären nur auf Eigennutz aus, nur um der Geschenke willen schliefen sie bei den Liebhabern, die sie in namenloses Unglück stürzten, nichts als bloße Verleumdungen sind. Bacchis' Leben allein widerspricht diesen allgemein üblichen Verleumdungen.

Kannst du dich noch des Meders erinnern, der mit viel Gefolgschaft aus Syrien zu uns kam und großen Aufwand trieb und ihr Verschnittene, Sklavinnen und vielerlei barbarische Köstlichkeiten anbot? Sie aber hörte den Vorschlag still an und wies ihn zurück. Wollte lieber mein armseliges und nacktes Bett mit mir teilen, meine kargen Geschenke genügten ihr; und seine, eines Satrapen würdigen, goldblinkenden Herrlichkeiten wurden mit Verachtung beiseite geschoben. Und wie schnöde hat sie dem ägyptischen Kaufherrn heimgeleuchtet, der ihr eine beträchtliche Summe Geldes anbot! Wahrlich, nimmer wird man ein vollkommeres Wesen als sie finden können. Welch edlen Charakter hatte das Verhängnis an eine Lebensart gebunden, die nicht gerade die würdigste ist!

Und nun verblich sie, verließ mich und muß fortan im einsamen Grabe schlummern. Wie ungerecht, o ihr lieben Parzen! Stand es ihr nicht zu, nun und immerdar mir zur Seite zu liegen? Ich aber lebe noch, genieße der Speisen und plaudere mit meinen Freunden. Sie aber wird mich nicht mehr mit ihren lieben Augen lächelnd anschauen, nicht mehr sanft und gefügig in den heiteren Nächten mit mir der süßen Liebe pflegen. Eben noch welche Blicke, welche Worte! Welche Sirenenzauber in ihren Gesprächen, welch süßer und reiner Nektar troff aus ihren Küssen! Und auf den Rändern ihrer Lippen hauste gar, wie mir schien, Peitho, die Göttin der Verführung. Der Gürtel der Aphrodite, die in der Chariten Begleitung war, umgab sie überall.

Dahin sind die kleinen Liedchen, die sie beim Schmause sang, dahin die Leier, die ihre Finger, von Elfenbein waren sie, schlug. Sie, die alle Chariten liebten, liegt, ein gefühlloser Stein, liegt als Asche begraben. Und Megara, die Hurenstute, ist am Leben, sie, die den Thragenes so erbarmungslos ausplünderte, daß er aus seinem schönen Vermögen kaum einen fadenscheinigen Mantel und einen kleinen Schild rettete, um in den Krieg zu ziehen, lebt, Bacchis aber, die ihrem Geliebten innig treu war, muß sterben!

Nun ich meine Klagen vor dir ausgebreitet habe, ward mir etwas leichter zumute, liebster Euthykles.

Von ihr zu sprechen, über sie zu schreiben, ist mir ein Labsal, denn nichts blieb mir von ihr als die Erinnerung. Lebe wohl.

Laeaina an Philomedos

Ich sah deine Braut bei den Mysterien, sie trug ein hübsches Sommerfähnchen am Leibe. Bei Aphrodite, armer Schlucker, wie leid tust du mir! Was mußt du aushalten, wenn du bei der hartknochigen Schildkröte schläfst! Welch eine Haut hat das Frauenzimmer; leibhaftiger Zinnober ist's. Und welch gewaltige Haarflechten hängen an der Braut, auf zehn Schritte sieht man's, daß sie falsch sind! Wieviel Bleiweiß hat sie sich aufgeschmiert, und uns Hetären schmähen sie, weil wir uns schminken. Und eine dicke Kette trug sie; ja, sie ist's wert, stets mit Ketten behängt zu sein, nur nicht mit – goldenen, die Vogelscheuche!

Und diese plattfüßigen Quadratlatschen. – Pfui Kuckuck, eine Strafe muß es sein, die nackt zu lieben; auch schien ihr Mundwerk übel zu stinken. Lieber möchte ich eine kalte Kröte umarmen, o Herrin Nemesis!

Ich wünschte, du möchtest auf Doris ein Auge werfen, oder es möge die mitsamt ihrer Kette und ihren Schenkelbinden ein Donnerkeil zerschmettern! . . .

Megara an Bacchis

Dir allein ist's so glücklich ausgeschlagen, an einen Liebsten zu kommen, den du so toll liebst, daß es dir nicht möglich ist, dich auch nur für einen Augenblick von ihm zu trennen. Bei der allherrschenden Aphrodite, das ist ja eine üble Aufführung! Schon vor langer Zeit, – bei den Dionysien hatte sie's uns doch gesagt, – hat dich Glycera eingeladen und du stelltest dich, gewißlich doch nur seinetwegen, nicht ein, und magst auch nicht einmal befreundete Weiber aufsuchen. Nun bist du anscheinend ehrbar geworden und hätschelst deinen Liebsten. Dies kostbare Lob geht dir gewiß herrlich ein. Wir sind natürlich nur wilde ausgelassene Hurenweiber. Doch Geduld, Philo stützte sich auf ein morsches Feigenholz! Bei der großen Göttin, ich bin wütend auf dich. Alle waren wir zugegen. Thettala, Moscharion, Thais, Anthrakion, Petale, Thyallis, Myrrhina, Chrysion, Euxippe, Philumene sogar, die doch ganz frisch verheiratet ist und so eifersüchtig bewacht wird, brachte ihren herzliebsten Mann zu Bett und kam, etwas spät zwar, aber sie kam doch noch. Einzig du mußtest deinen Adonis verwöhnen, damit ihn dir ja nicht Persephone ausspannte, wenn du, seine Aphrodite, ihn einmal allein ließest.

Was war das für ein herrlicher Schmaus – ich muß dir doch das Herz noch schwer machen hinterdrein – wie reizend war alles: Lieder, Späße, Balsam, Rosenkränze, Zuckerwerk gab's bis zum Tagesanbruch. Und unter schattenspendenden Lorbeerbäumen lagerten wir: du allein fehltest uns, sonst war alles vorhanden. Schon oft bereiteten wir uns solche Vergnügungen, selten aber waren sie so hübsch. Am meisten Spaß machte uns aber der Wettstreit, der zwischen Thryallis und Myrrhina entbrannte, wer die schöneren und weicheren Hinterbacken besäße. Myrrhina lockerte zuerst den Gürtel, – das dünne Kleid aber war seiden – und ließ die Hinterbacken darunter hin und her bibbern, wie wenn sie Sahne oder saure Milch wären, und blickte über die Schultern auf ihre Bewegungen, leise Seufzer dabei ausstoßend, wie bei der Liebesraserei, so daß ich, bei Aphrodite, ganz aus dem Häuschen geriet. Auf Thryallis aber machte das gar keinen Eindruck, sondern sie tat allen Zwang von sich: »Ich werde mich doch nicht in noch so spinnwebefeinen Gewändern streiten«, hub sie an, »und mich irgendwie zieren, sondern will's nackt wie beim Ringkampfe tun. Beim Wettstreit ist Ziererei nicht angebracht.« Sie legte aber ihr Gewand ab und bog sich um ein weniges in den Hüften. »Hier«, sagte sie, »sieh diese ebenmäßige Hautfarbe, o Myrrhina, wie jugendfrisch und rein sie ist, siehe den Purpurbesatz der Hüften hier und da den Übergang zu den Schenkeln, keinen Fettwulst, keinen Knochen gibt's da zu sehen, auf den Hügeln aber sind Grübchen. Freilich beben sie nicht«, sagte sie ein wenig lächelnd, »wie bei Myrrhina!«

Und dann vollbrachte sie ein solches Muskelspiel und ließ die Hinterbacken so auf und nieder beben, daß die Bewegung bis über die Hüften hinunterfloß, und alle klatschten in die Hände und sprachen Thryallis den Preis zu. Noch andere Wetten wurden ausgefochten, so eine um den Busen. Was aber den Leib anlangte, so wagte keine ihren mit Philumenes zu vergleichen, der durch keine Geburt verunziert und noch ganz fest ist.

Und so verbrachten wir die ganze Nacht, schimpften auf unsere Liebsten und wünschten uns andere, ist frische Liebe doch stets reizvoller, und machten uns schließlich schwer geladen davon. Noch auf der Straße stifteten wir mancherlei Unfug an und schmausten dann noch bei Deximachos im Goldgäßchen, wo es zum Agnos geht, nahe bei Menephrons Hause. Thais ist toll in ihn verschossen und das hat, beim Zeus, seinen guten Grund: der Junge hat ja erst neulich seinen reichen Vater beerbt.

Für dieses Mal wollen wir dir deinen Stolz noch vergeben. Beim Adonisfest werden wir in Kolyttus bei Thettalas Liebhaber schmausen, denn Thettala will das Fest des Liebsten der Aphrodite ausrichten. Dazu mußt du ganz gewiß erscheinen und dein Äffchen, deinen Korallenschmuck und deinen Adonis mitbringen, den du jetzt so verhätschelst. Aber auch unsere Liebhaber sollen an unserem Feste teilnehmen. Lebe wohl!

Philumene an Kriton

Was kann das ewige Geschreibsel und dein Jammern frommen? Kurz und gut: fünfzig Goldstücke muß ich haben, Briefe brauche ich nicht. Liebst du mich, gut, so beschenke mich; bist du aber ein Geizkragen, so laß mich in Ruhe. Lebe wohl.

Lamia an Demetrios

Du allein bist schuld an dem, wessen ich mich unterfange. Als großmächtiger König gibst du mir, der Hetäre, die Erlaubnis, an dich zu schreiben und hältst es für nicht entehrend, Briefe von mir zu erhalten, nun ich selbst ja ganz in deinen Besitz gekommen bin. Wenn ich dich, Gewaltherrscher Demetrios, draußen unter den Schildträgern und Heerscharen und Gesandten und gekrönten Häuptern sehe oder höre, dann, bei Aphrodite schwöre ich's, erfaßt mich ein ängstlicher Schauer, verwirrt wende ich mich wie von der Sonne fort, um meine Augen nicht zu verbrennen; und dann erscheinst du mir wahrlich als der städteumzingelnde Demetrios. Wie streng und streitbar ist dann dein Blick. Und voll des Mißtrauens wider mich selber frage ich mich: »Wie, Lamia, teilst du dessen Bett? Ganze Nächte spielst du ihm auf der Flöte vor? Dir schreibt er nun? Dich stellt er neben die Hetäre Gnathaena?« Und staunend verstumme ich und bete, dich bei mir zu schauen. Und dann kommst du, und ich werfe mich dir zu Füßen, du umarmst mich mit feurigem Kusse und ich spreche bei mir nun das Gegenteil: »Ist das der Städteumzingler, der Held der Heere? Er, vor dem Makedonien, ganz Hellas und ganz Thrakien bebt? Bei Aphrodite, mit Flötenspiel will ich ihn heute besiegen, und sehen werd' ich dann, ob er mir etwas antut!«

Verziehe, bitte, noch drei Tage bei uns und ich will dir ein Mal geben. Jährlich feiere ich der Aphrodite

Fest, das nahe ist, und will mich bestreben, das vorige mit dem neuesten zu überbieten. Aphrodites würdig und so glänzend ich es nur vermag, will ich dich empfangen, wenn ich die notwendige Unterstützung von dir erhoffen darf. Zwar erlaubst du mir gnädig, meine Gunst nach freiem Ermessen zu verschenken, doch noch habe ich nach jener mir heiligen Nacht nichts getan, was deiner Güte unwert wäre, und fremden Umgangs stet und streng entraten. Das Hetärenhandwerk will ich nicht betreiben, nicht die Unwahrheit sprechen, o Herr, wie andere tun. Wenige haben nach der Zeit, bei Artemis schwöre ich's, nach mir gesandt, denn sie haben Ehrfurcht vor deinen Heldentaten.

Schnell, o König, naht und flieht Eros uns. Hoffnung beschwingt ihn; schwindet sie, verliert er voll Verzweiflung die Fittiche. Daraus entsteht der schlaue Hetärengrundsatz, den Genuß, wenn er naht, zu verzögern und die Liebhaber durch Hoffnungen hinzuhalten. (Bei euch Großen dürfen wir uns dieser List nicht bedienen, da wir euren Zorn zu fürchten haben.) Sonst aber müssen wir also handeln, bald uns stellen, als ob wir krank wären, bald, als ob wir etwas Wichtiges zu erledigen hätten, als ob wir singen, Flöte spielen, tanzen, ein Gastmahl zu bereiten oder die Wohnung aufräumen müßten, um die Erfüllung ihres brennenden Verlangens zu verzögern, die meistens nur allzu schnell ihres Reizes verlustig geht. So entfacht ihr leichtgläubiges Herz ein wiederholter Aufschub zu lodernderer Glut, da sie stets ein neues Hindernis für ihr Glück, das ihnen so nahe scheint, befürchten müssen.

Solche Vorstellungen und kleine Künste übte ich anderen Liebhabern gegenüber aus, bei dir aber, o König, dessen Huld mich groß macht und mich über alle anderen Hetären erhebt, bedarf ich solcher Mittel nicht, das schwöre ich bei den Musen; nein, ich bin nicht von Stein. Alles, selbst mein Leben, wollte ich deinem Wunsche opfern und mich dessen wahrlich nicht groß rühmen.

Zuversichtlich weiß ich, daß das Festmahl zu Aphrodites Feier, das ich dir zu Ehren in des Therspides Hause veranstalten will, nicht nur dort, nein, bei Artemis, in ganz Athen und ganz Hellas Bewunderung erregen wird. Besonders werden die verhaßten Lakedaimonier, auf daß sie als Männer erscheinen, die in Ephesos feige Füchse waren, unser Festmahl in ihrem Taygetosgebirge und ihren Einöden mit Tadel verfolgen und deine heitere Geselligkeit nach des Lykurgos Grundsätzen verdammen. Doch was gehen uns sie an, o Herr. Merke dir, das bitte ich, den Tag der Feier, und ihre Stunde setze fest; die beste wird sein, die dir gefällig ist. Lebe wohl.

Leontion an Lamia

Nichts Ekelhafteres, glaube ich, gibt's als einen Alten, der wieder kindisch wird. Wie führt sich dieser Epikur mir gegenüber auf! Alles begeifert er, alles beargwöhnt er, die Briefe, die er an mich schreibt, sind nicht zu enträtseln, und mit Gewalt bin ich gezwungen, seinen Garten zu verlassen. Bei Aphrodite, wäre er auch ein Adonis, dieser fast achtzigjährige Greis, ich könnte es doch nicht aushalten bei diesem widerwärtigen morschen Gerümpel, das statt mit Haaren mit dichten Zotteln bewachsen ist. Wie war's möglich, daß man solch einen Weisen so lange ertragen konnte? Möge er sich doch mit seinen »Grundwahrheiten der Natur« und seinen zweifelhaften »Anweisungen zur Vernunftlehre« zum Teufel scheren und mich als ein freies Wesen mit Verdruß und Beleidigungen verschonen. In ihm besitze ich wahrlich einen »städteumzingelnderen« Liebhaber als du, Lamia, an Demetrios besitzest. Kann man mit solch altem Hecht wohl in Frieden leben? Will er doch gar den Sokrates spielen, ringt sich kluge und witzige Reden ab und sucht mit erlesenem Geschmack zu scherzen. Seinen Pythokles hält er für einen Alcibiades und aus mir glaubt er seine Xanthippe schnitzen zu können!

Wahrlich, lieber noch entschließe ich mich durchzubrennen, wohin es auch sein mag, als seine langstieligen Schreibereien länger anzunehmen. Das Ärgste und Schlimmste aber, das er gegen mich unternommen hat, veranlaßt mich, diesen Brief zu schreiben, denn ich möchte gern deinen Rat hören, welche Maßnahmen ich treffen soll.

Du kennst ja den liebenswürdigen Timarch aus Kephisia. Daß ich den Jungen schon lange liebe, leugne ich wahrlich nicht, und dir, o Lamia, kann ich ja die Wahrheit eingestehen: er war beinahe mein erster Lehrmeister in der Liebe. Wir wohnten nahe beieinander und er entjungferte mich. Von jener Zeit an schickte er mir die herrlichsten Geschenke, verehrte mir Kleider, Geschmeide, Sklaven, Sklavinnen, Indier und Indierinnen, ohne die Kleinigkeiten zu erwähnen. Sogar aufs kleinste gibt er acht und bringt mir die ersten Früchte der Jahreszeit, auf daß sie niemand vor mir zu kosten bekommt. »Und solch einem Liebsten«, sagt der Alte, »gib einen Tritt und laß ihn nicht mehr über dich!« Du glaubst nicht, mit welchen Schimpfnamen er ihn belegt, die nicht eines Atheniensers und Philosophen, nein, eines Kappadoziers würdig sind, der eben nach Hellas gekommen ist. Und wenn der Athenienser Stadt aus lauter Epikurs bestünde, bei Artemis, schwöre ich's, ich gäbe für sie nicht einen Arm meines Timarchs, nicht einmal seinen kleinen Finger her. Was meinst du, o Lamia, ist das nicht richtig, ist's nicht in Ordnung so? Laß es dir, bei Aphrodite bitte ich dich, laß es dir nicht einfallen, mir mit Einwänden zu kommen wie etwa: er ist immerhin ein Philosoph, ein Mann voll des Ruhms, der viele Freunde besitzt. Mag er mir immerhin entziehen, was ich habe, und anderen Leuten seine Lehren vorplappern; Ehrgeiz entflammt mich nicht, sondern gib mir Timarch, o Demeter, den will ich haben!

Mir zuliebe war der Junge gezwungen, das Lyzeum, den Genuß seiner Jugendtage, seine Freunde und ihren Kreis aufzugeben, um bei dem Alten zu hausen, ihm zu schmeicheln und seine nichtigen Lehren nachzukauen. Dieser Atreus aber sagt zu ihm: »Fliehe aus meinem Bereiche und lasse mir Leontion in Ruhe!« Wäre es nicht billiger, wenn mein Liebster zu ihm spräche: »Hand weg, bei mir schläft sie?« Er, der Junge, läßt sich den Tappergreis als Nebenbuhler gefallen, und der weigert sich, Gleiches mit Gleichem zu vergelten, wo das Recht bei dem Jungen steht! Bei allen Göttern beschwöre ich dich, was soll ich tun, o Lamia? Bei den heiligen Geheimnissen, beim Wunsche nach Erlösung aus diesem widrigen Zustande, so oft ich es mir klar mache, daß ich von Timarch getrennt werden soll, überkommt mich eine jähe Ohnmacht, Schweiß bricht mir aus allen Poren, und mein Herz dreht sich im Leibe um.

Nimm mich doch, bitte, einige wenige Tage bei dir auf, der Alte soll mir's merken, welches Glück er genoß, als ich bei ihm im Hause weilte. Über ist er mich noch nicht geworden, das weiß ich zuversichtlich; schnell wird er den Metrodoros, den Hermachos und den Polyainos als Friedensstifter zu mir schicken. Wie oft glaubst du wohl, o Lamia, daß ich, wenn ich allein mit ihm war, zu ihm sagte: »Was tust du, o Epikur; ist dir denn nicht bekannt, daß Timokrates, des Metrodoros Bruder, dich wegen derlei Sachen bei öffentlichen Versammlungen, in den Theatern, bei anderen Philosophen lächerlich macht?«

Doch was soll man mit ihm anstellen? Liebe macht

ihn schamlos; gut, so will ich nach seinem Beispiele auch schamlos sein und nicht von meinem Timarch lassen. Leb' wohl.

Menander an Glycera

Bei den eleusinischen Gottheiten, wie bei ihren heiligen Geheimnissen, bei denen ich dir schon so oft geschworen habe, wenn du und ich allein waren, schwöre ich dir, daß ich dir folgendes weder sage noch schreibe, um mich zu überheben oder gar mich von dir zu scheiden. Gibt's denn wohl etwas, das mir mehr Freude bereitet als du? Könnte ich denn auf etwas stolzer sein als auf deine Liebe? Dein liebenswürdiges Gemüt, der Umgang mit dir wird mir selbst das graueste Alter zur ewigen Jugend machen. Vereint wollen wir der Jugend genießen, vereint unser Greisenalter leben, ja, bei den Göttern, uns auch im Tode nicht trennen; und es fühlend, o Glycera, daß wir zusammen sterben werden, kann keiner auf den anderen eifersüchtig sein im Schattenreiche, weil der Zurückbleibende ein anderes Glück hienieden zu finden vermöchte. Unmöglich könnte ich noch Freuden verspüren, wenn du nicht mehr wärest, welch Glück auch würde mir dann noch bleiben?

Höre nun, was mich während meiner Krankheit im Piraeos (du kennst ja meine üblichen Leiden, die meine Feinde für weichliches Wesen und Verzärtelung zu halten belieben) dir zu schreiben drängt, die du des Demeterfestes wegen zurückgeblieben bist: Von Ptolemaeos, dem Ägypterkönige, habe ich ein Schreiben empfangen, in dem er mich inständigst bittet, zu ihm zu kommen, und das unter Versprechungen, die eines Königs würdig sind, indem er mich und Philemon, wie man so sagt, die Schätze der Welt erhoffen läßt. Und auch an den hat er, wie er schreibt, einen Brief geschrieben. Philemon selber hat mir den seinen zugesandt, der aber minder schmeichelhaft und glänzend abgefaßt ist, wendet er sich doch auch nicht an Menander. Er mag sich die Sache durch den Kopf gehen lassen und seinen Umständen entsprechende Maßregeln treffen. Ich für meinen Teil bedarf keines Rates: bei dir, o Glycera, lag stets meine Entscheidung, warst du doch immer mein Areopag, meine Heliaia, und, bei Athena schwör ich's, sollst es auch jetzt sein. Des Königs Sendbrief schreibe ich nun nicht ab, sondern füge ihn bei, damit ich dich nicht langweile, wenn du seinen Inhalt zum zweiten Male aus meinem Briefe ersehen müßtest. Was ich ihm aber antworten will, sollst du nun erfahren.

Mich aufs Schiff zu setzen und nach einem so entfernten und abgelegenen Lande wie Ägypten zu reisen, darnach trage ich, bei den zwölf Göttern, durchaus kein Verlangen. Nicht einmal denken würde ich daran, wenn es auch hier in der Nähe wie unser Ägina läge, mein Königreich, deine Liebe, zu lassen, um einsam im volkreichen Lande der Ägypter, von Glycera getrennt, wie in einer bewohnten Wüste zu hausen. In deinen Armen genieße ich einer süßeren und sicheren Lust als an den Höfen aller Fürsten und Könige. Der Freiheit entraten ist gefährlich, Schmeicheleien zu sagen erniedrigt, und des Glückes Gunst entbehrt der Dauer. Bei Bacchos und dem ihm heiligen Efeu, dessen Kränze mich mehr als Ptolemaeos' Diademe locken, wenn Glycera im Theater unter den Zuschauern sitzt und auf mich blickt, ich würde die köstlichen Gefäße aus des Therides Werkstätte, die herrlichen Goldbecher und den beneidenswerten Prunk der Höfe und all ihre Schätze nimmer mit den alljährigen Choen, den Schauspielen zu den Lenaeen, mit dem Weinfest von neulich, den Kampfspielen im Lyceum und mit der ehrwürdigen Academie vertauschen.

Würde ich denn in Ägypten eine Volksversammlung, wo die Bürger ihre Stimmen abgeben, sehen; wo ein Volk, das seinen Staat beherrscht, sich der kostbarsten Freiheit erfreut? Wo Thesmotheten efeubekränzt in heiligen Bezirken wirken? Würd' ich die Schranken der Ratsversammlung sehen? Die Wahl obrigkeitlicher Personen? Das Fest der Chytren, den Kerameikos, den Markt, die Gerichtsstühle? Die herrliche Akropolis, die hoheitsvollen Göttinnen, die geheimnisvollen Feiern? Das nahe Salamis, die Engpässe, Psyttalia, Marathon, den Inbegriff von ganz Hellas: Athen, Jonien und alle Cykladen, all das soll ich und zugleich meine Glycera verlassen, um nach Ägypten zu reisen und dort Gold und Silber und Reichtümer zu sammeln? Mit wem soll ich ihrer froh werden? Mit Glycera, die durch Meere von mir geschieden ist? Wird ohne sie all das nicht wie drückende Armut auf mir lasten? Werden nicht alle Schätze zu Asche werden, wenn ich höre, daß sie ihre göttliche Liebe anderweitig verschenkt hat? Wenn ich sterben sollte, werd' ich dann nur meinen Schmerz mit ins Grab nehmen, mein Gut aber wird die Beute derer sein, die mächtig genug sind, um Unrecht zu tun.

Ist es denn ein so Großes, in Gesellschaft des Ptolemaeos, der Fürsten und der Großen stolzen Namens zu leben, deren Freundschaft nicht zuverlässig und deren Haß gefährlich ist? Zürnt Glycera mit mir, so ziehe ich sie küssend an mich, ist sie noch fernerhin zornig, verdoppele ich meine Küsse, und meine Tränen rinnen, wenn sie unversöhnlich bleibt. Unmöglich kann sie meinen Kummer dann länger ertragen, nun bittet sie selber mich und sucht mich zufrieden zu sprechen, sie, die keinen Kriegern, keinen Trabanten und keiner Leibwache gebietet, denn all das bin allein ich ihr.

Wie man sagt, soll es ein Großes und Erhabenes sein, den stolzen Nil zu sehen. Schön; aber gilt das Gleiche nicht auch vom Euphrat oder Ister? Sind nicht der Thermodon und der Tigris, der Halys und der Rhein auch große Ströme? Sollte ich all diese Flüsse besuchen, würde mein Leben ohne Glyceras Anblick vergehen. Und der Nil ist herrlich, gewiß, aber wildes Getier bevölkert ihn, und man kann sich seinen Fluten nicht einmal nähern, ohne den Raubtieren preisgegeben zu sein.

Gönne mir, o König Ptolemaeos, das Glück, immer mit attischem Efeu bekränzt zu werden; gönne mir das Glück, dereinst in meiner Vorfahren Grabe zu ruhn und bis dahin alle Jahre den Dionysos an seinem Altare mit Feiergesängen zu ehren und die Mysterien zu begehen. Vergönnt sei es mir, alljährlich zur Zeit der Bühnenfeste ein neues Lustspiel aufzuführen und unter Lachen und Freude, in Angst und Zweifel der Erwartung den Preis zu erringen. Philemon möge nach Ägypten reisen und des mir bestimmten Glückes froh werden, Philemon hat keine Glycera und ist etwa auch ihres Besitzes gar nicht würdig.

Du aber, meine Glycerion, eile sogleich nach Schluß der Haloen auf schnellem Maultiere zu mir. Kein Fest, vergib mir, o Demeter, meine Sünde, hat mir jemals länger gewährt und kam mir so zur Unzeit!

Glycera an Menander

Sowie ich des Königs Schreiben von dir erhielt, hab' ich es gelesen. Bei der Kalligeneia, der ich mich jetzt ehrfurchtsvoll nahe, schwöre ich dir, o Menander, ich war so außer mir vor Freude, daß ich sie vor den Anwesenden nicht zu verbergen vermochte. Die Mutter war zugegen und meine Schwester Euphronion und meiner Freundinnen eine, die dir bekannt ist: sie hat des öfteren bei dir gegessen und erhielt ihres echt attischen Witzes wegen dein Lob. Aber etwas ängstlich lobtest du sie, und lächelnd küßte ich dich darum inniger; denkst du noch daran, mein Menander? Auf meinem Antlitze, in meinen Augen sahen sie die Freude blitzen und fragten mich: »Welch hohes Glück hat dich betroffen, o liebe Glycerion, daß dein Gemüt und dein Leib sich also verändert haben? Freude beseelt deinen Körper, und Heiterkeit und süßeste Zufriedenheit strahlst du aus!« Und ich erwiderte: »Der Ägypter König Ptolemaeos ladet meinen Menander zu sich und verspricht ihm schier sein halbes Königreich, wenn er Folge leistet!« Und sprach also mit starker und weittragender Stimme, daß alle Anwesenden es hören sollten, und schwenkte gleichzeitig in meinen Händen das Schreiben mit dem königlichen Insiegel und hielt es hoch erhoben. Sie aber fragten: »Wird deine Freude auch bleiben, wenn er dich läßt?« Daran hatte ich nicht gedacht, o Menander. Wahrlich, bei den Göttinnen, und selbst wenn mir's der Stier mit Menschenstimme zuriefe, würde ich nicht überzeugt sein, daß Menander gesonnen oder gar fähig sei, mich, seine Glycera, in Athen zurückzulassen, um in Ägypten allein aller Schätze der Erde zu genießen.

Tatsächlich scheint der König ja, wie aus dem Schreiben, das ich las, hervorgeht, um meine Liebe zu dir zu wissen, und sucht, glaub' ich, in versteckten Anspielungen mit ägyptischer Artigkeit sogar darüber zu scherzen. Wie freut es mich, daß unsere Liebe selbst bis zu ihm übers Meer nach Ägypten gedrungen ist, so daß er diesem Gerücht zufolge von der Eitelkeit seines Wunsches, Athen möchte zu ihm kommen, überzeugt ist. Denn was ist Athen ohne Menander, was kann Menander ohne Glycera sein! Sie ist's, die ihm die Masken zurecht macht, die ihn fürs Lustspiel ankleidet, die, die Hände zusammenpressend, klopfenden Herzens nahe bei der Bühne steht und den lauten Beifall der Lauschenden durch ihr Klatschen vermehrt. Dann, bei Artemis, bekomme ich wieder Leben, falle dir um den Hals und halte dein erhabenes Haupt, dich, die Ehre des Theaters, in den Armen.

Meine Freude aber, die ich meinen Lieben entdeckte, o mein Menander, ist darum so groß, weil dich nicht nur Glycera, nein, sogar Könige in fernen, über Meer liegenden Ländern lieben und der Ruhm deiner Lustspiele über Meere hin sich verbreitet hat. Ägypten und der Nil, und des Proteus Vorgebirge und die Warte von Pharos, alles brennt jetzt vor Verlangen, Menander zu sehen und die Geizhälse, die Verliebten, die Abergläubischen, die Ungetreuen, Väter und Söhne und Diener und all die Figuren, die du für die Bühne schufest, reden zu hören. Die Freude sei ihnen gegönnt, aber Menander können sie nur in Athen bei seiner Glycera sehen. Zeugen meiner Seligkeit sollen sie dort sein, wie er, den sein Ruhm allgegenwärtig macht, Tag und nächtens in meinen Armen liegt.

Doch wenn das Glück, das dort deiner wartet, wenn dich das gewaltige Ägypten mit seinen Pyramiden, den tönenden Bildnissen, dem weitberühmten Labyrinth und all dem anderen, was Kunst und Alter dort kostbar machen, dich lockt, dann, o mein geliebter Menander, ich beschwöre dich, nimm den Verdacht von mir, daß ich deine Entschließungen durchkreuze. Um deswillen würde mich das Volk der Athener hassen, die schon jetzt die Scheffel des Getreides nachrechnen, mit denen der König sie um deinetwillen beschenken wird. Fahre dahin im Schutze der Götter; ein gutes Geschick, günstige Winde und Zeus, der über sie herrscht, mögen mit dir sein. Ich werde nicht von dir lassen, fürchte nicht, daß ich das nur so in den Wind rede; wenn ich's auch möchte, ich könnte es nimmer. Mutter und Schwestern will ich meiden und dir ein Reisegefährte sein. Fest bin ich davon überzeugt, daß ich das Seefahren vertragen kann. Und wenn du unter Ruderschlag und Wogenprall leidest, will ich meinen lieben Kranken pflegen und für baldige Besserung Sorge tragen. Ohne Ariadnes Faden will ich dich nach Ägypten geleiten, dich, der du zwar nicht Dionysos, aber Dionysos' Diener und Verkündiger bist. Nimmer fürchte ich, auf Naxos am einsamen Strande verlassen zu werden, jammernd, weinend und deine Treulosigkeit verfluchend. Fort mit Theseus und den verbrecherischen Meineiden alter Zeiten! Überall bleibt unsere

Liebe sich gleich, ob wir nun in Athen, im Piräos oder in Ägypten sind, in jedem Lande würde sie in ihrer Fülle blühen. Und wenn wir auf einem Felsen hausten, unsere Zärtlichkeit würde der Aphrodite Thron aus ihm machen. All deine Glückseligkeit ruht in mir und in deinen Lustspielen; zuversichtlich weiß ich's, daß du nicht auf Überfluß, auf Güter und Schätze sinnst, deine Verwandten aber, dein Vaterland, deine Freunde bedürfen, das weißt du, stets vielerlei Dinge: sie begehren der Reichtümer und streben nach Vermögen. Sicherlich wirst du mir nie, nicht in kleinen, nicht in großen Dingen, irgendwelche Vorwürfe machen, du, dessen Herz sich mir lange in Liebe und Zärtlichkeit ergeben hat, was mir deine Zuneigung jetzt bei klarer Überlegung bestätigt. Das, o mein Menander, macht mich meines Besitzes sicher, ohne die Kürze der Dauer einer Liebe, die sich nur auf Leidenschaft stützt, fürchten zu müssen. Denn so heiß diese Liebe auch flammt, so schnell versprüht sie wieder. Wo sie aber durch Wahl und Erwägung größere Festigkeit erhält, entbehrt sie der Wärme nicht, ist aber bar der Furcht. Prüfe du diese Gedanken, der du mich oftmals über solche Dinge belehrst und förderst.

Bin ich also auch sicher vor deinem Tadel und deinen Vorwürfen, so muß ich mich doch vor den attischen Wespen fürchten, die mich bei meinem Fortgehen von allen Seiten anfallen werden, wenn es heißt, ich hätte die Stadt der Athener um eine reiche Einnahmequelle gebracht. Darum bitte ich dich inbrünstig, o mein Menander, entschließe dich noch nicht, halte deine Erwiderung an den König zurück, bis wir zusammen sind mit Epikur und Theophrast, unseren Freunden. Vielleicht sind sie anderer Meinung und du dann auch mit ihnen. Lieber wollen wir Opfertiere schlachten und sehen, was die Eingeweide raten, ob es vorteilhafter sei, uns nach Ägypten einzuschiffen oder an Ort und Stelle zu bleiben. Und nach Delphi wollen wir senden und des Orakels Ausspruch abwarten, denn der Gott ist unser seit Vorväter Zeiten. Der Entscheid über unser Reisen oder Hierbleiben liegt dann bei den Göttern. Alles will ich nach bestem Können ausrichten.

Auch kenne ich ein Weib, die erst kürzlich aus Phrygien kam und hocherfahren in solchen Dingen ist. Eine innere Stimme läßt sie weissagen aus der Stellung der Gestirne bei Nachtzeit, auch beschwört sie die Himmlischen. Man braucht ja nicht zu glauben, was sie kündet, sondern kann abwarten, wie man sagt. Ich werde sie holen lassen. Wie verlautet, muß sie sich durch eine feierliche Reinigung zu ihrem Tun vorbereiten und Opfertiere, männlichen Weihrauch, länglichen Storax, Mondkuchen und Blätter von Zaubergewächsen herbeiholen. Ich erwarte sie noch vor deiner Ankunft aus dem Piräos bei mir; oder sage mir wenigstens genau, wie lange es dir noch unmöglich ist, Glycera zu sehen, damit ich zu dir eile und die Phrygierin inzwischen in Bereitschaft halte.

Solltest du es aber schon versuchen, mich, den Piräos, dein kleines Landgut und Munichia und alles schnell aus dem Sinn zu schlagen, mir, bei den Göttern, ist es unmöglich, all das aufzugeben! Unmöglich, wie es dir fallen muß, dich von mir loszureißen, die schon so lange fest mit dir verwachsen ist! Und wenn auch alle Könige an dich schreiben würden, ich bin dir aller Königinnen Königin und du bist ein treuer Liebster, der die Götter ehrend, heilige Schwüre hält.

Komme also, mein Liebling, so schnell wie möglich in die Stadt, damit du, falls du dich der Fahrt zum Könige wegen anders entschließest, die deiner Lustspiele bereit hältst, die dem Ptolemaeos und seinem Dionysos, der, wie du weißt, nicht demokratischer Gesinnung huldigt, am besten gefallen können. Etwa die Thais, den Verhaßten, den Thrasyleon, den Epitrepontas, die Geprügelte und den Sicyonier oder sonst noch etwas. Kühn und verwegen bin ich, in meiner Unbildung eines Menander Stücke zu beurteilen, deine Liebe aber macht mich klug und erfahren genug, um auch das verstehen zu können. Stets sagtest du mir, daß ein Mädchen von natürlichem Witz schnell vom Liebsten lernt. Die Liebe lehrt am schnellsten, und wir Weiber würden, bei Aphrodite, fürchten, eurer unwert zu sein, wenn wir langsam im Lernen wären. Dringend bitte ich dich, o Menander, halte doch vor allem das Lustspiel in Bereitschaft, in dem du mich selber auftreten läßt. Wenigstens komme ich dann, sollte es nicht in deiner Gesellschaft sein, so zu Ptolemaeos und das wird dem Könige beweisen, wieviel er über dich vermag, daß du ihm deine Liebste, die du in Athen zurückließest, in der Dichtung mitbringst. Aber ich bin ja überzeugt, du kannst mich nicht zurücklassen.

Doch bis du aus dem Piräos heimkehrst, will ich mich im Rudern und Steuerlenken ausbilden, damit ich dich, den Seeuntüchtigen, mit eigenen Händen sicher über das Meer geleiten kann, wenn wir uns doch noch zur Fahrt entschließen sollten. Mögest du, o ihr Götter alle, das ins Auge fassen, was uns allen zum besten dient, und was die Phrygierin weissagt, die das Nützliche besser noch als dein gottbegeistertes Mädchen erkennen wird. Lebe wohl.

Die Hetären Korinths an die von Athen

Habt ihr schon das Allerneueste gehört? Habt ihr den Namen der neuen Hetäre vernommen? O, welch Bollwerk ist gegen uns errichtet worden: Lais, die vom Maler Apelles wie ein wildes Tier unter die Kandare genommen war. Ihr armen Biester, macht eure Lustweiden zu oder laßt euch lieber gleich begraben! Ein einziges Weib hält jetzt ganz Griechenland in Spannung, ein einziges! Lais in den Barbierstuben, Lais in den Theatern, in den Versammlungen, in den Gerichtssitzungen in dem Rate, überall! Die Stummen winken sich ihre Schönheit zu: so wird Lais auch für die zur Zunge, die nicht reden können. Angezogen beut sie das köstlichste Antlitz, ausgezogen aber scheint sie ganz Gesicht zu sein, weder zu mager noch zu dick, sondern was wir schlank üppig nennen. Ihre von Natur lockigen, ohne Kunstmittel blonden Haare fließen weich über die Schulterblätter hinab. Bei Artemis, ihre Augen sind schöner gerundet denn der Vollmond, und die dunklen Pupillen sind pechschwarz und das Weiße ringsum schneeweiß . . .

Bruchstücke

... Therippides' Vater ist ein Knauser, der fast schon Feigenblätter einmacht. ...

... Denn ich weiß nicht, ob ich wie ein Fisch von dem Köder der Lust gefangen wurde und der Widerhaken sich in mir festsetzte. ...

... Du aber, der leibhaftige Hippolytos aus Trözene, ziehst die Brauen zusammen, beißt auf die Lippen, duckst dich und läufst schweigend wie am Tempel eines Heros vorüber ...

Hektodioktes an Mandilokolaptes

Gestern abend traf ich ganz zufällig Gorgias, den Eteobutaden, auf der Straße. Herzlich begrüßte er mich und zankte mit mir, weil ich ihn nicht öfters besuche. Nach einigen kleinen Späßchen sagte er: »Beim Zeus bitte ich dich, liebster Freund, gehe zum Baden und komme dann schnell zu mir und bringe die Hetäre Aidonion mit. Sie kennt mich ganz genau und wohnt, wie du wohl weißt, gar nicht weit vom Leokorion. Herrlich wollen wir schnabulieren, große Salzfische gibt's und ganze Eimer voll mendesischen Nektars – wie man den Wein wohl nennen darf – sind da!« Also redend machte er sich davon. Geschwinde trabte ich zur Aidonion; doch was meinst du, in welche brenzlige Lage ich geriet, als ich ihr die Einladung ausrichtete? Wie es scheint, hatte Gorgias ihr gegenüber, was Geschenke anlangt, sich als undankbaren und knickerigen Liebhaber bewiesen. In toller Wut riß sie einen vollen Topf vom Feuer und würde meinen Schädel mit kochendem Wasser verbrüht haben, wenn ich nicht eiligst auf die Seite gesprungen und der Gefahr im letzten Augenblick entronnen wäre. So nähren wir uns mit eitlen Hoffnungen und kriegen kränkende Beschimpfungen statt Vergnügen zu schlucken.

Oinopniktes an Kotylobrochthisos

Komm, greife zur Hirtenflöte und zu den Cymbeln, und eile um die erste Nachtwache in die kleine Goldgasse am Agnos, wo wir uns treffen wollen. Wir wollen aus Skiros die Hetäre Klymene entführen und zu Therippides, dem Axonaeer, bringen, der erst neulich zu Gelde gekommen ist. Schon seit geraumer Zeit ist er hitzig in sie verdonnert und läßt es sich was kosten, ohne daß sie anbeißt. Sie kennt nämlich des Jungen Hitze, daher tut sie spröde und ist kalt wie eine Hundeschnauze; ja, Geschenke prasseln nur so auf sie nieder, doch sie weigert sich, bei ihm zu liegen, wenn sie nicht sein Landgut bei den Silbergruben erschnappen kann. Sollte sie uns wie üblich Widerstand leisten, so müssen wir sie mit Gewalt fortzerren, und das wird uns ja ein Leichtes sein, sind wir doch zu zweit und baumstarke Mannsen. Hört Therippides davon und sieht er den glücklichen Ausgang unseres listigen Streiches, wird er uns mit funkelnagelneuen Goldfüchsen die schwere Menge und pikfeinen Anzügen dazu belohnen und uns Zutritt in seinem Hause gewähren, ohne daß wir das Hinausschmeißen befürchten müssen. Dann wird er uns etwa auch nicht mehr als Schmarotzer, sondern als Freunde ansehen, da wir ihm, ohne dazu aufgekriegt zu sein, Dienste geleistet haben; das tun keine Schmeichler, nein, nur Freunde.

Dryantides an Chronion

Weder um unseren Ehestand noch um unsere Kinder und den Landaufenthalt kümmerst du dich noch. Bist ganz versessen auf die Stadt. Pan und die Nymphen, welche du Epimeliden und Dryaden und Naiden nanntest, schätzest du nicht mehr und willst uns neben den vielen Gottheiten, die's schon gibt, noch neue aufhalsen. Wo in aller Welt soll ich denn den Koliaden und Genetylliden in unseren Feldern Heiligtümer errichten? Noch andere Götternamen hörte ich, aber es waren ihrer so viele, daß ich sie gänzlich verschwitzt habe.

Dummes Weibsbild, wie sinnlos und unüberlegt handelst du doch.

Jenen Städterinnen äffst du nach, die vor Üppigkeit aufgeschwemmt sind, die ihr Gesicht verstellen und bodenlos hundsgemein sind. Und ihre Wangen tünchen sie, besser als die tüchtigsten Maler es vermögen, mit allerlei ekelhaften Schminken an.

Wenn du Vernunft annimmst, so bleibst du so sauber, wie dich Wasser und Seife früher machten.

Chairestratos an Lerion

Die Teufelspest komme über dich, verfluchte Lerion. Besoffen wie ich war, machtest du mich mit deinen Flötentönen ganz närrisch und hieltest mich fest, daß ich viel zu spät zu den Leuten kam, die mich vom Land hereingeschickt hatten. Schon seit frühem Morgen lauerten sie auf mich, weil ich ihnen die irdenen Töpfe bringen sollte, um deretwillen ich fortgeschickt worden war. Und ich Saukerl vertrödele die ganze Nacht bei deiner Musik und schlafe bis in den hellen Tag hinein. Pack dich, elendes Stück, und flöte den Stadtleuten etwas vor und verführe sie mit deinen Lüsten; wenn du es fürderhin darauf anlegen solltest, mich verdreht zu machen, will ich dir Flötentöne beibringen, die du wahrlich spüren sollst.

Gemellos an Salakonis

Niederträchtige Salakonis, was wirfst du den Kopf so stolz in den Nacken! Hab' ich dich nicht hinter meiner Mutter Rücken zu mir genommen, als du in der Werkstatt bei dem hinkenden Schneider krummlagest? Umschwänzele ich dich nicht wie eine Braut, die all meine Habe erben soll?

Und doch bist du, elendes Frauenzimmer, halsstarrig und begeiferst mich stets mit Hohn und Spott und lachst mich dreckig aus.

Willst du, Satansfratz, denn nie den Stolz und Übermut aus deinen Knochen jagen? Statt als Liebhaber sollst du mich als Herrn kennen lernen, und ich will dich aufs Land schicken, da magst du Gerste rösten. Dann wirst du schon spüren, in welch Unglück du dich selber gestürzt hast.

Salakonis an Gemellos

Alles will ich über mich ergehen lassen, Herr, nur in dein Bett will ich nicht kriechen. Ich bin heut' nacht nicht, wie du meinst, ausgerückt, habe mich nicht hinter den Büschen versteckt, sondern war unter dem Backtrog verborgen, mit dessen Höhlung ich mich bedeckt hatte.

Fest entschlossen bin ich, meinem Leben mit dem Strick ein Ende zu machen. Höre also mein offenes Geständnis, denn da ich mit dem Leben fertig bin, habe ich keine Angst mehr.

Ich hasse dich, Gemellos, dein aufgetriebener Leib widert mich an, du bist ein ekliges Ungetüm, vor dem einem angst und bange werden muß. Wie widerlich ist dein Maul, stinkender Atem kommt tief aus deiner Kehle. Die Pest hole dich, also mißgeborenes Schwein! Klammere dich an ein altes, mannstolles Bauernweib, das nur noch einen Wackelzahn im Maule hat und statt mit Balsam sich mit Harzöl salbt.

Anthylla an Koriskos

Wahrlich, das Wasser wird noch zu Berge fließen, da du, Koriskos, in deinem Alter, wo wir schon Kinder und Enkelchen haben, in ein Zithermädchen vernarrt bist und dafür sorgst, daß mir vor Kummer das Herz im Leibe sich dreht.

Mich schimpfst du aus, die ich nun schon dreißig Jahre dein treues Eheweib bin. Und diese geile Schandhure spielt sich dir gegenüber mit all ihren verführerischen Buhlkünsten als Unschuldstaube auf und richtet dich und deinen Besitz zu Grunde. Die Jungen lachen sich hinter dir ins Fäustchen, aber was schiert dich ihr Hohn und Spott; dickfellig wie du bist, läßt dich das kalt.

O du alter geiler Tölpel, wie spielen die Huren Fangball mit dir!

Epiphyllis an Amarakina

Einen Blumenkranz hatte ich gewunden und wollte ihn der Herme Phaidrias, des Alopeken, meines verstorbenen Gatten, weihen. Plötzlich taucht eine Schar kecker Jünglinge, die sich versteckt gehalten hatten, auf; sie waren von Moschion auf mich gehetzt, um seine Absichten zu unterstützen. Denn seitdem ich meinen lieben Phaidria verloren habe, hört er nicht auf, mir mit Briefen und Anträgen beschwerlich zu fallen. Aus Mitleid mit meinen unmündigen Kindern, und Phaidrias süßer Liebe gedenkend, weigerte ich mich standhaft, ihn zu erhören. Nicht für möglich hielt ich's, daß mir ein schändlicher Hymenaios bevorstände und daß ich im Walde mein Brautbett finden sollte. Er zog mich an einen schattigen Ort, der dicht mit Bäumen bestanden war, und hier unter Büschen und Kräutern, ich schäme mich, es zu sagen, o liebste Freundin, zwang er mich, ihm zu Willen zu sein.

Und so ward er, mich bitter kränkend, mein Mann und das gegen meinen Willen. Aber nun ist es einmal geschehen.

Ein Glück ist's noch, daß widrige Zufälle mir erspart blieben. Und wenn sie nicht eintreffen, muß man notgedrungen doch sein Mißgeschick verheimlichen.

Kephaloglyptes an Mappaphanisos

Verrecken und verstummen möge der nichtswürdige Licymnios, der Spieler in den Tragödien! Mit seiner schmetternden Blechtrompetenstimme besiegte er seine Nebenbuhler, den Kleonäer Kritias und Hippasos, den Ambrakioten, in des Aeschylos Propompen. Und aufgeblasen vor Freude darüber, veranstaltete er mit Efeu im Haare ein Zechgelage. Und ich ward auch eingeladen, aber, pfui Spinne, welche Niederträchtigkeiten ließ man mich da schmecken. Bald beschmierten sie mir den Schädel mit Pech und spritzten mir Fischbrühe in die Augen, bald mußte ich, während die übrigen Gäste sich Milchtorten und Sesamgebäck gut schmecken ließen, Steine kauen, die in Honig getunkt waren. Die dreiste pheneatische Hyacinthis, das Hurenstück des Kerameikos, die sich hier einnistete, füllte eine Schweinsblase mit Blut und schlug sie mir um die Ohren. Mit lautem Knall platzte sie, und ich war von oben bis unten mit Blut besudelt. Schier totlachen wollte sich die ganze Bande darüber.

Für alles, was ich über mich ergehen ließ, ward mir wenig gelohnt, ein vollgestopfter Bauch war die Bezahlung für diese Gemeinheiten; Geld kriegte ich nicht zu riechen.

Daß er sich doch in diesem Jahre noch furchtbar blamiere, dieser gottverdammte Licymnios! Wir und das Schauspielervolk sollten ihn wahrlich seiner wiehernden Stimme wegen Rotzmähre heißen. Lebe wohl.

Bukopniktes an Artopyktes

Ich kann's nicht mit ansehen, wie mitleidlos die Zeuxippe, die freche Hurenstute, den jungen Burschen auszieht. Nicht nur Gold und Geld, nein auch Häuser und Grundstücke steckt er in sie hinein. In der Absicht, ihn noch brünstiger zu machen, tut sie, als ob sie in den jungen Eubaeos verliebt wäre, um auch dessen Vermögen klein zu machen und dann ihre Gunst an einen neuen Liebhaber weiter zu verschenken.

Das Herz blutet mir, wenn ich diese Schätze, die ihm Lysisas und Phanostrata, seine verstorbenen Eltern, hinterlassen haben, dahinschmelzen sehe. Was sie Stück für Stück zusammenkratzten, verjubelt diese unverschämte Hure, die alle Welt über sich läßt, auf einen Schlag. Der Jüngling tut mir doch ein bißchen leid, er war so nobel uns gegenüber, als er zu Gelde kam. Auch meine ich, daß wir unter diesen Umständen die Dummen und Geprellten sind: wenn sie alles, was dem guten Jungen gehört, zwischen die Finger kriegt, werden wir, bei den Göttern, von all den Herrlichkeiten wohl nichts abbekommen.

Und dabei hat Philebos, wie du weißt, ein gutes Herz und ist gegen uns Schmarotzer stets sanft und zutraulich, weil er mehr Freude an Singen und Lachen hat, als an den Rüpeleien, die man uns sonst hinterschlucken läßt.

Halokyminos an Philogarelaios

Wenig schiert es mich, daß du hinter meinem Rücken über mich herziehst und gemeine Verleumdungen ausstreust. Der malische Soldat, der uns aushält, trägt das Herz auf dem rechten Fleck und ist ein Ehrenmann. Darum denkt er garnicht daran, auf Hetären eifersüchtig zu sein. Vielmehr schimpfte er neulich, als man beim Mahle all dieser Dinge gedachte, aufs gröblichste über Leute solcher Denkungsart. Verheiratete Weiber in guten Verhältnissen, sagte er, hätten sich ums Hauswesen zu kümmern und sich anständig aufzuführen, Hetären aber, auf denen aller Blick ruht, müßten jedem Mannsbilde nach den Augen sehn und allen, die was von ihnen wollten, zu Willen sein. Mädchen, die ein horizontales Gewerbe betreiben, müßte man wie Bäder und Wandelhallen benutzen, die allen gehören, wenn sie auch gleich nur einen Besitzer zu haben scheinen.

Deine Verleumdung wird dir nichts nutzen, das weiß ich zuversichtlich; nimm dich nur in acht und beiße mit den Zähnen auf die Lippe wie die, welche am Standbild des Sigelischen Helden Narkissos vorbeigehen, auf daß dir nichts Übles zustößt.

Unser Herr ist keiner der aufgeblasenen und eitlen atheniensischen Bengel, sondern ein herzhafter Kriegsmann, der nichts auf Schmeichelei und Lügenreden gibt. Und auf wen die nicht wirken, der ist sicherlich auch auf die nicht gut zu sprechen, die derlei versuchen.

Chidrolepisos an Kapyrosphrantes

Den Grund, warum mich die Weibsbilder so grausam verhöhnten, weißt du also.

Zuallerletzt lästerte mich noch die alte Sklavin mit solchen Worten: »Verflucht sollst du sein mit deinem unzeitigen Eifer und deiner Geschwätzigkeit!«

Ein Geheimnis haben sie unter sich, das sie noch tiefer wahren als die eleusinischen Mysterien. Und sie fordern von uns, es solle uns unbekannt bleiben, wo wir es doch kennen, oder wenn wir es auch erführen, sollen wir uns doch, wenn's anginge, nicht davon überzeugt halten.

Ich weiß alles, und in kurzem werd' ich's dem Herrn entdecken, denn ich will nicht schlechter sein als ein Hund, der doch für seinen Ernährer bellt und ihn verteidigt. Ein Hurer, ein Junge aus Elis, aus der Schar der olympischen Neidbolde, beschmutzt unser Haus. Täglich gehen von unseres Erhalters Weibe kleine Briefchen, halbwelke Kränze und angebissene Äpfel an ihn ab. Die verwünschten Dienerinnen und das alte Weib, die jeder im Hause die verfluchte Empuse nennt, weil sie alles tun und bewerkstelligen kann, sind eingeweiht in den üblen Handel.

Ich werde wahrlich kein Blatt vor den Mund nehmen und mich nicht als Schmarotzer sondern als Freund beweisen; außerdem habe ich den Weibern blutige Rache geschworen. Wenn das alles aufgedeckt wird, dann werden, das steht fest, die Dienerinnen in Bande gelegt, der Buhle gezüchtigt und beiseite geschafft und das verfluchte Weib so bestraft werden, wie es ihrer Zuchtlosigkeit gebührt. Sonst wäre ja Lysikles ein noch erbärmlicherer Tropf als der bucklige Poliager, der den Hurern, die er bei seinem argen Weibe fand, ein Schadengeld abzwackte und sie ungestraft von hinnen ließ.

Philomegeiros an Pinokospongisos

Wie erbärmlich und bösartig führen sich doch diese gottverfluchten Weibstücke auf, sie machen gemeinsame Sache mit ihrer Herrin, ohne daß Phaidrias darum weiß! Fünf Monate nach der Hochzeit gebar sein Weib ein Knäblein, dem sie Talismane und Ketten umhängten und es in Windeln dem Asphalion, dem Schweinehirten, überließen, der aber sollte es in den Klüften der Parnethos aussetzen. Noch bin ich gezwungen, diese Schandtat zu verheimlichen, noch muß ich still sein, doch Schweigen schürt den Grimm. Wenn sie mich auch nur etwas ärgern und mich einen Speichellecker und Schmarotzer schimpfen, oder mich, wie sie's an der Gewohnheit haben, mit anderen Kosenamen bedenken, dann soll Phaidrias alles brühwarm zu hören kriegen.

Turdosynagos an Ephallokythras

Welch ein Einfaltspinsel, welch ein Narr ist doch der Kriton! Seinen Sohn schickt er in den Hörsaal des Philosophen, zu dem alten Trübsalsbläser aus der Poikile, und meint, der sei der geeignetste, den Jungen zu unterweisen, um in den Spitzfindigkeiten der Redekunst plätschern und ein Streithammel mit einer großen Schnauze werden zu können.

Der Bengel wurde denn auch ein getreues Ebenbild seines Lehrers und nahm sich mehr sein Leben und seine Aufführung als seine Weisheiten zum Muster. Er kam bald dahinter, daß sein Meister tagsüber würdig und finster sei und seine Schüler züchtige, nächtens aber mit im Mantel verkrochenem Haupte von einem Lusthaus ins andere zog, und ahmte ihn herrlich nach. Heute ist's nun der fünfte Tag, daß er liebelodernd in Banden der Akalanthis vom Kerameikos liegt. Das Mädel ist mir gewogen und gesteht mir seine Liebe, den Jungen aber hält sie an der Kandare, da sie ihn so verknallt sieht, und schwört ihm, ohne meine Einwilligung würde sie niemals bei ihm liegen, denn sie überläßt es meinem Ermessen, dies zu erlauben oder nicht.

Verleihe dem lieben Mädchen alles Gute, o Aphrodite Pandemos! Handelt sie doch wie ein Freund und nicht wie eine Hetäre!

Seit der Zeit läßt er die feinsten Geschenke auf mich niederhageln; ja, wenn er seine Spendierhosen noch länger anbehält, werde ich, wenn er einmal ins rechte Ehebett gekrochen ist, ohne alle Mühe Akalanthis loskaufen und als Frau zu mir nehmen können. Es gehört sich doch, daß die, welche mir die Mittel zum Lebensunterhalt verschafft, meine Lebensgefährtin wird.

Pexankeinos an Rhigomachos

Ein glückhaftes Schiff ist's, das aus Istria in Athen anlangte und im Hafen vor Anker ging, brachte es uns doch jenen herrlichen Handelsherrn, der mit seiner Freigebigkeit die wohlhabendsten und schenkreichsten Athener als elende Geizhälse erscheinen läßt!

Nicht etwa nur einen Schmarotzer, nein alle, die's in der Stadt gibt, und obendrein die teuersten Hetären, die schönsten, liebreizendsten Sängerinnen, kurz auch die ganze Blase vom Theater lud er ein. Nicht sein väterliches Vermögen, sein rechtmäßig zusammengekratztes Geld läßt er sich diesen verschwenderischen Aufwand kosten. Flötenspiel und Gesang sind seine Lust, Anmut und Liebe strahlt er im Verkehr aus und keinem Menschen tut er spottend etwas zuleide. Ganz reizend schaut er aus, die Horen lagern auf seinem Antlitz, und mit seinem Munde scheint Peitho zu sprechen. Geistreich scherzt er, und seine Gespräche sind lieblich.

»Denn seinen Mund hat geletzt mit süßestem Nektar die Muse«. Warum soll ich nicht also mit dem Dichter reden? bin ich doch aus Athen gebürtig, wo jedweder mit den Künsten vertraut ist.

Dipsanepansilypos an Plakuntomyon

Nebis erblickte ich mit dem Korbe. Das Mädchen mit den schönen Armen und Fingern, den blanken Augen, der gertenschlanken Gestalt, der strahlenden Hautfarbe, deren Wangen so glänzen. Und ich entbrannte so in Liebe zu ihr, daß ich, vergessend, wer ich sei, hinstürzen und ihren Mund küssen wollte. Dann aber besann ich mich und ich wünschte mich auf die Spuren ihrer Füße zu werfen, um die zu küssen. O über meine Wildheit, daß ich nun nicht mehr nach Saubohnen oder Weizenbrei verlange, sondern so übermütig bin, des Unerreichbaren zu begehren!

Kommt alle zusammen und steinigt mich, ehe ich von meinen Begierden zerfressen werde, und es soll mir der Steinhügel ein Liebesgrab werden!

Triclinosax an Kossotrapezos

Dem Mnesilochos, dem Paianen, will ich die Hurerei seines Weibes offenbaren. Es hätte sich gehört, daß er der Sache genau nachgegangen wäre und sie in jeder Weise untersucht hätte, aber der Hörnerträger gab sich mit einem Eid zufrieden.

Das Weib schleppte ihn also an den Brunnen Kallichoros in Eleusis, tat einen Meineid und entledigte sich damit der Anschuldigung. Und er hat sich dabei beruhigt und ließ den Verdacht fahren. Ich aber bin bereit, meine geschwätzige Zunge vor jedem zu bläken, der Lust hat, sie mit einem Stückchen tenedischen Scherbens abzuschneiden.

Oinocheiron an Rophanochortaros

Keiner, der Hermen verstümmelt oder der eleusinischen Göttin Mysterien entweiht, kann in größerer Fährde als ich sein, der ich, o Götter, zwischen die Finger der verruchten Phanomache geriet. Sie hörte, daß ihr Mann in das jonische Mädchen verknallt sei, die Bälle in die Luft wirft und Fackeln im Kreise schwingt, und hat mich im Verdacht, ich hätte mir den Kuppelpelz verdient.

Von ihren Dienern ließ sie mich packen und hielt mich in Ketten, bis sie mich anderen Tags ihrem Vater überlieferte, dem jähzornigen Kleainetos, der gerade im Synedrion der vornehmste ist und im Areopagos alles vermag.

Wenn die Himmlischen aber einen Sterblichen retten wollen, so bewahren sie ihn selbst vorm Abgrunde, wie sie auch mich vor dem dreiköpfigen Köter, der, wie es heißt, die Tore des Tartaros bewacht, retteten. Denn kaum hatte der Alte im Rate meinen Fall vorgebracht, als ihn ein hitziges Fieber befiel, und am anderen Morgen war er mausetot. Und nun liegt er ausgestreckt da, und die im Hause treffen Anstalten für die Leichenfeier. Ich aber kratzte aus, so schnell mich meine Füße trugen und brachte mich in Sicherheit. Nicht der atlantischen Maia Sprosse, nein, meine Füße, meine Keckheit haben mich gerettet und meinen freien Ausgang bewerkstelligt.

Autokletos an Hetoimaristos

In wenig oder nichts unterscheiden sich vom gemeinen Pack die Auserwählten, die einem stets das Schöne und die Tugenden vorbeten, die Kerle, meine ich, die vom Unterricht der Jugend leben! Mögest du nimmer etwas über das Mahl hören, das Skambonides jüngst zu seiner Tochter Geburtstagsfeier veranstaltete. Er aber hatte verschiedene der vornehmsten und reichsten der Athener eingeladen und glaubte, es ginge nicht ohne die Philosophen, sie müßten unbedingt die Feier verschönen.

Zuerst nun war Eteokles, der Stoiker, da, der Alte mit struppigem Barte und Haupthaar, der wasserköpfige, ruppige Lausekerl, dessen Stirne faltiger ist als ein lederner Geldbeutel. Dann sah man den Themistagoras, den Peripatetiker; ein nicht unebener Mann, der auf seinen krausen Bart viel gibt. Ferner den Epikuraeer Zenokrates, dessen Locken gepflegt sind und dem ein langer Bart ein ehrwürdiges Aussehen verleiht. Und endlich der ruhmvolle – wie man allgemein sagte – Archibios, der Pythagoraeer. Sein Gesicht war ganz blaß, das Haar hing ihm vom Scheitel bis auf die Brust hinab, lang und spitz war sein Bart, seine Nase gebogen, die Lippen eingezogen und fest zusammengekniffen, woran man die seiner Sekte eigene Schweigsamkeit erkennen sollte. Unversehens stürzte auch der Kyniker Pankrates herein und rannte in seinem Ungestüm viele Leute über den Haufen. Er stützte sich auf einen Eichenprügel, der an den Astknoten mit ehernen Nägeln beschlagen war, und hatte sich ganz zwanglos einen leeren Beutel umgehängt, in den er die Speisenreste einsacken wollte.

Die anderen Gäste führten sich nun beim Essen von Anfang bis zu Ende anständig auf, nur die Philosophen betrugen sich, je weiter das Mahl vorrückte und je munterer die Becher der Fröhlichkeit kreisten, desto seltsamer. Der Stoiker Eteokles lag vom Alter und von Betrunkenheit übermannt da und schnarchte. Der Pythagoraeer vergaß seine Schweigsamkeit und trillerte Stückchen aus dem goldenen Lehrgedicht nach einer wunderbaren Melodie, und der wackere Themistagoras verlangte einen Berg Süßigkeiten und die mannigfaltigsten teuren Speisen, weil nach den peripathetischen Grundsätzen Geist und Körper nicht allein zur Glückseligkeit gehören, sondern auch äußere Güter dabei sein müssen. Der Epikuraeer Zenokrates hatte die Harfenjule im Arm, schmachtete sie mit halbgeschlossenen Äuglein lüstern und gierig an und behauptete steif und fest, es sei das die vollkommene Ruhe des Fleisches und der Inbegriff der Freuden. Der Kyniker ließ seinen kleinen Mantel herunterhängen und nachschleifen, schlug mit der Unverfrorenheit seiner Sekte sein Wasser ab und trieb seine Schamlosigkeit so weit, vor aller Augen mit Doris, dem Musikmädel, das Tier mit den zwei Rücken zu spielen, wobei er sagte: »Die Natur ist der Grund der Zeugung!«

Von uns Schmarotzern war da keine Rede mehr. Niemand von denen, die um deswillen eingeladen waren, konnte die Aufmerksamkeit erregen und zur Unterhaltung beitragen, obwohl man es nicht unterlassen hatte, den Harfenspieler Phoibiades und Possenreißer aus Sannyrions und Philistiades' Truppe einzuladen.

Alles, was sie taten, wurde schnöde beurteilt und nicht sehenswert gefunden, nur der Sophisten wüstes Treiben fand Anklang.

Kymothos an Tritonis

Wie sehr Meer von Festland sich unterscheidet, so ungleich ist das Verhältnis zwischen uns, die wir das Meer befahren, und dem Bewohner der Städte und Dörfer, die ihrem bürgerlichen Berufe entweder im Umkreise ihrer Mauern nachgehen, oder wenn sie sich des Akkerbaues befleißigen, den reichen Früchten ihrer Felder zu ihrem Lebensunterhalte in friedlicher Stille entgegenharren. Wir hingegen leben nur auf dem Wasser, das Land ist uns verderblich, und wir gleichen den Fischen, die an der Luft nicht zu atmen vermögen. Welcher Aberwitz überkam dich also, o liebe Frau, daß du das Gestade und dein Spinnrad läßt und immer wieder in die Stadt läufst, um mit reichen athenischen Weibern die Oschophorien und die lenaiidischen Feste zu feiern? Das heißt der Klugheit entbehren und recht pflichtvergessen sein. Zu dem Zwecke hat dich dein Vater in Aegina, dem du Geburt und Erziehung zu verdanken hast, nicht mit mir verheiratet. Wenn dich die Stadt so sehr lockt, lebe wohl und scheide dich von mir; sagt dir jedoch das Seeleben zu, so gehe in dich und komm zu deinem Gatten zurück und vergiß die verführerischen Schauspiele für immer.

Panope an Euthybolos

Nicht als eine verächtliche und von gemeinem Volke abstammende Person hast du, o Euthybolos, mich geheiratet; sowohl von väterlicher wie mütterlicher Seite bin ich von guter Herkunft.

Sosthenes, der Steirier, ist mein Vater und Damophile meine Mutter. Die verabredeten und schlossen unsere Ehe, die auf Erzeugung rechtmäßiger Kinder abzielen sollte, indem sie uns ihren ganzen Nachlaß versprachen. Nun aber reizen dich deine unsteten Blicke und deine zügellose Leidenschaft für Liebesfreuden, mir und unseren Kindern zur Schande, Galene, des Thalassion Tochter, zu lieben, die aus Hermione hierhergekommen ist und verliebten Männern zum Verderben sich am Piraeos niedergelassen hat. Die jungen Fischer am Meere besuchen sie, und jedweder bringt ihr mancherlei Gaben. Sie aber nimmt sie entgegen und verschlingt alles wie eine Charybdis. In deiner Freigebigkeit gehst allein du über deine Verhältnisse als Fischer hinaus, und niemals fällt es dir bei, ihr nur Marniden oder Barben zu schenken. Als ein bejahrter Mann, der schon lange verheiratet und Vater ziemlich erwachsener Kinder ist, sendest du ihr, in der Meinung, deine Nebenbuhler ausstechen zu können, Stoffe aus Milet, sizilische Gewänder, ja sogar Goldschmuck zu.

Entweder entschließt du dich nun, dich nicht länger also würdelos aufzuführen und deiner Nachgiebigkeit und schändlichen Liebe zu dem Mädchen Einhalt zu tun, oder ich gehe – das kannst du mir glauben – zu meinem Vater zurück. Der wird mir seine Hilfe nicht verweigern, sondern dich noch wegen deiner üblen Aufführung mir gegenüber verklagen.

Auchenios an Harmenios

Wenn du imstande bist mir zu helfen, so laß es mich wissen, ohne meine Lage anderen Leuten zu offenbaren, bist du's aber nicht, sei verschwiegener als ein Areopagite. Ich will dir meine Lage einigermaßen auseinandersetzen. Liebe, die mich auf einmal ergriff, hat mich aller Vernunft beraubt. Alle meine gefaßten Entschlüsse wirft sie über den Haufen. Auf eine ganz unbegreifliche Weise hat sie mich armen Fischersmann, der ich mir kaum ein karges Brot erwerben kann, gewaltsam überrumpelt und beherrscht mich unabläßlich, und ich brenne gleich den reichen und liebenswerten Jünglingen. Ich, der ich sonst des Eros weichliche Sklaven verhöhnte, bin nun ganz von ihm erobert und wünsche verheiratet zu sein und stelle mir Hymenaios, Terpsichores Sohn, im Geiste vor. Das Mädchen aber, für das ich entbrannt bin, weilt unter den Fremden, die mir zum Unheil, wie, weiß ich nicht, aus Hermione in den Piraeos anlangten. Zwar kann ich ihr unmöglich ein Heiratsgut geben, doch schmeichle ich mir, wenn ich mich als einen biederen Fischersmann aufführe, einen schicklichen Freier für sie abzugeben, so ihr Vater nicht ganz seltsame Ansichten hat.

Euploos an Thalasseros

Du überhebst dich oder bist närrisch worden. Wie ich höre, liebst du eine Sängerin, besuchst sie zu deinem Unglück und vergißt darüber dein tägliches Geschäft, das Fischen, ganz. All das teilte mir der rechtschaffene Nachbar Sosias mit, der der Wahrheit treu anhangt und sich noch niemals zu einer Unwahrheit verleiten ließ. Eben der, welcher von den Fischen, die er in seinem Netze fängt, die wohlschmeckende herrliche Suppe zu kochen versteht. Wer nun, sage mir, hat dich die diatonische, chromatische und enharmonische Tonfügung in der Musik gelehrt, denn, wie er erzählt, verstehst du dich auf sie? Hat dich des Mädchens Schönheit und ihre Musik in gleicher Weise hoch entzückt? Laß ab, dein Geld für solche Dinge zu vertun, sonst wirst du seiner bald ermangeln und statt auf dem Meere auf dem Festlande Schiffbruch leiden; ja, der Sängerin Haus wird für dich gefahrenreicher werden als der kalydonische Meerbusen oder das tyrrhenische Meer. Und es wird vergeblich sein, die Kratais bei Scyllas zweiten Ansturme anzurufen.

Thalasseros an Euploos

Eitel, o mein Euploos, sind deine Ermahnungen mir gegenüber. Unmöglich kann ich von dem Mädchen lassen, da ich dem gebieterischen Winke des Gottes gehorsame, der mit Fackel und Bogen bewaffnet ist. Eros ist uns Fischern ja ganz zu eigen und verschwistert; die Göttin, die dem Meere entstieg, gebar den Knaben, also ist Eros von mütterlicher Seite der unsrige. Von ihm verwundet, erfreue ich mich am Meergestade des Umgangs mit meiner Geliebten und wähne in ihr eine Panope oder Galatea zu besitzen, die der Nereiden reizendste sind.

Aniketos an Phoebiane

Du fliehst mich, o Phoebiane, fliehst mich, obwohl du erst neulich all mein Land an dich gebracht hast. Besitzest du nicht einen Teil meines Vermögens? Sind die Feigen, die frischen Käse, das Paar Hühnchen und all die leckeren Dinge denn nicht ein Geschenk von mir? Dem Sprichwort nach hast du mich auf solche Weise gänzlich unterjocht und mit Gewalt zu deinem Sklaven gemacht, ohne meiner glühenden Liebe einige Aufmerksamkeit zu schenken. Lebe wohl und meide mich nur. Schwer zwar aber standhaft will ich deine Verachtung ertragen.

Phoebiane an Aniketos

Eben hatte mich eine Nachbarin, die in Geburtswehen lag, zu sich rufen lassen, und ich wollte mich gerade mit den nötigen Geräten auf den Weg machen. Plötzlich fährst du auf und versuchst mich mit Gewalt an dich zu ziehen und zu küssen. Läßt du, unnützer, elender Tappergreis, denn nimmer nach, uns blühende junge Dinger gleich einem glühenden Jüngling mit deiner Liebe zu verfolgen? Hat man dich nicht von der Feldarbeit weggejagt, weil du schon reif fürs Grab bist? Wozu also die zärtlichen Blicke und die Seufzer? Erbärmlicher Kekrops, stehe ab von solchem Tun und besinne dich auf dich selbst.

Glanaippe an Charope

Ach, liebe Mutter, ich bin schier außer mir. Nicht möglich ist's mir, den jungen Methymnaeer, des Steuermanns Sohn, zu heiraten, seit ich den Jüngling aus der Stadt erblickt habe, der den heiligen Palmzweig trug, als du mich zum Oschophorienfeste nach Athen gehen ließest. Ach, Mutter, wie schön ist er, schön und bezaubernd, seine üppigen Locken sind krauser denn das Moos, und holder lächelt er als das Meer bei ruhigem Wetter. Schwärzlichblau leuchten seine Augen, wie das Meer erglänzt, wenn die frühesten Sonnenblitze auf ihm liegen.

Und sähest du sein Antlitz, o, dann sagtest du gewißlich: die Chariten haben Orchomenos verlassen und tanzen, nachdem sie im argaphischen Quell gebadet, auf seinen Wangen. Rosen blühen auf seinen Lippen, die stahl er aus Aphrodites Schoße und schmückte sich damit.

Entweder darf ich ihm angehören oder ich stürze mich, die lesbische Sappho als Vorbild nehmend, nicht vom leukadischen Felsen, nein, von den Klippen des Piraeos in die Fluten des Meeres.

Charope an Glanaippe

Töricht bist du, o Tochter, und bar der Vernunft. Nießwurz hast du nötig, und das keinen gewöhnlichen, nein den, der aus Anticyra in Phocis gebracht wird, da du aller jungfräulichen Scham vergißt!

Bleibe ruhig, nimm dich zusammen und schlage dir solche unselige Liebe aus dem Sinn, denn wenn dein Vater davon erfährt, wirft er dich, ohne sich lange zu besinnen, ohne zu zaudern, den Meeresungeheuern zum Fraße vor!

Zu dieser Ausgabe

insel taschenbuch 1165
Philostratos, Erotische Briefe

Der Text folgt der Ausgabe: Des älteren Philostratos erotische Briefe nebst den Hetärenbriefen des Alkiphron. Herausgegeben von Paul Hansmann. Hyperionverlag – Berlin, [1919].

Zu den Verfassern der Briefe: Bislang sind die Unklarheiten, wie viele Angehörige der zweiten, kaiserzeitlichen Sophistik mit dem Namen Philostratos gelebt haben, nicht überzeugend aufgehellt worden. Auch bestehen Unklarheiten und Widersprüche über Lebenszeit, Verwandtschaft und die Verteilung der überlieferten Werke auf die verschiedenen Träger des Namens. Man rechnet mit drei oder vier Philostratoi, Angehörigen derselben Familie aus Lemnos im 2./3. Jh.n.Chr. Der wichtigste ist Philostratos II., der unter der Regierung Kaiser Septimius Severus lebte: Ihm werden die Sophistenviten, die Lebensbeschreibung des Apollonios von Tyana, die Eikones und die Erotischen Briefe zugeschrieben. Auf Philostratos III. geht der einleitende Brief dieser Sammlung »An Aspasius« zurück, auf Philostratos IV. weitere Bildbeschreibungen, ebenfalls Eikones genannt. Der Herausgeber des vorliegenden Bandes rechnete offenbar mit zwei Philostratoi, einem älteren und einem jüngeren, wobei er dem älteren die Schriften des Philostratos II. zugeschrieben haben mag.

Alkiphron war Rhetor und Sophist im 2. Jh. n. Chr. Von ihm besitzen wir 124 überlieferte Kunstbriefe, die sich inhaltlich in Fischer-, Bauern-, Parasiten- und Hetärenbriefe gliedern. Ihr szenischer Hintergrund ist zumeist Athen und Umgebung, die darin erwähnten historischen Personen gehören ins 4. Jh. v. Chr. In der vorliegenden Ausgabe sind die Hetärenbriefe vollständig enthalten sowie eine Auswahl aus den übrigen drei Gruppen der Kunstbriefe des Alkiphron. Die Briefe des Philostratos sind in verschiedener Vollständigkeit und Anordnung überliefert. Die vorliegende Übersetzung bringt sie in einer neuen, vom Übersetzer gewählten Anordnung, wobei einmal der Wechsel Knabe – Mädchen, zum anderen motivische Zusammengehörigkeit maßgeblich gewesen sein mag. Nicht aufgenommen wurde der letzte Brief der üblichen Ausgaben, welcher an die Kaiserin Julia Domna, Gemahlin des Septimius Severus, gerichtet ist.

Umschlagabbildung: Hippolyte Flandrin (1809–1864), Jeune homme nu assis au bord de la mer (étude). Musée du Louvre, Paris.